Rainer Sass

SCHLUSS! AUS! Pasta!

Das einzig
wahre
Nudelbuch

Rainer Sass

SCHLUSS! AUS!

Pasta!

Das einzig wahre Nudelbuch

Statt eines Vorworts, liebe Leser:innen,

hier mein kleiner Pastalebenslauf, besser gesagt: mein Weg zur Pasta – und ein Dankeschön an alle, die mich dabei begleitet haben.

Die ersten sehr schmackhaften Nudeln kochte meine Mutter Helga für mich: Zöpfli von Birkel mit Dosenchampignons, Tomatenmark und Butter. Eine Variation davon finden Sie auf Seite 82. Darauf folgte eine kurze Mirácoli-Zeit. Als ich 13 oder 14 Jahre alt war, endeckte ich selbst gekochte Tomatensauce. Und zwar aus Tomatensaft, Tomatenmark, Zwiebel, Salz und Pfeffer – selbstredend ohne Olivenöl, so etwas befand sich damals noch nicht im Familienbesitz. Danach aß ich statt Zöpfli Spaghetti mit einem selbst gemachten Sugo aus frischen (!) Tomaten.

Später kamen alle Pastavariationen in meinem Hamburger Lieblingsrestaurant Mamma Mia auf den Tisch. Große Nudelplatten, dazu frischer Parmesan: eine Sensation noch heute. Es folgten 30 Jahre Mamma Mia. Seit drei Jahren ist es leider geschlossen – ich stehe heute noch minutenlang ungläubig davor. Mein Lebensmittelpunkt im wahrsten Sinne des Wortes.
Zu Beginn der Mamma-Mia-Zeit übte ich wochenlang, Tagliatelle selbst zu machen, mit Lachs und Sahnesauce ... Das Ganze war schließlich von Erfolg gekrönt und meine Liebe zur Pasta weiter entfacht. Aufwendig besorgte ich (Internet gab es damals noch nicht) hochwertige Pasta aus kleinen Manufakturen, wobei Markennudeln aus Italien – Martelli, Gentile und Benedetto – hoch im Kurs standen. Eine fantastische Konsistenz zu noch bezahlbaren Preisen. Danach stellte sich schlagartig der Wunsch nach selbst gemachten Ravioli ein, mit unterschiedlichen Füllungen aus Kalbfleisch, Spinat oder Salsiccia. Ich übte weiter ...
Italienische Kurzurlaube – Pastatage mit Freunden aus Bonn, Köln und Hamburg – rundeten meine Pastajahre ab. Verona, Venedig, Mailand, Rom und Florenz wurden unsicher gemacht, wir erlebten überall erstklassige Pastakultur. Höhepunkte der italienischen Gastfreundschaft erfuhren wir im Restaurant Felice in Rom und im Mini-Restaurant eines Campingplatzes zwischen Florenz und Siena. Nicht fehlen durften dazu so ausgezeichnete Supertuscans wie Sassicaia, Tignanello und Weine von Nittardi.
Währenddessen gab es natürlich immer wieder Pasta im Mamma Mia: Koch Toto bereitete über Jahre die weltbesten Spaghetti Frutti di Mare zu. Ich selbst probierte mich durch die verschiedensten Pastavariationen und servierte dazu deutsche Spitzenrotweine von Johner und August Kesseler. Und statt Parmesan Hartkäse der Spitzenklasse von Backensholz bei Husum. Ein Wahnsinn.
Schließlich kamen erste Trüffeln, weiß und schwarz, zur Pasta auf. Im Restaurant Zeik in Hamburg unter Axel Henkel gab es dazu selbst gemachte Bandnudeln, auch mit Hummer und Trüffel. (Dank an Axel Henkel, von dem ich sehr viel gelernt habe.) Oder in unglaublicher Qualität im Knechthausen oder im Due Torri – beides Restaurants in Stade, die aber mittlerweile zu sind. Und beim ersten Besuch in Bonn während der 1990er Jahre blieb das Ristorante Sassella in guter Erinnerung, mit den besten Grüßen an den »Kölschen Freundeskreis« – Mensch, Walter. Danke!
Zu Hause und in meinem Kochstudio für DAS! im NDR gibt es drei- bis viermal im Monat Pasta. Einfach so oft es geht.

PS: Meine Lieblingsmenschen, die mich durch all die Pastajahrzehnte begleitet haben, finden Sie auf den verschiedenen Seiten mit ihrer Lieblingspasta wieder; sie wurden von mir persönlich abgelichtet. Durch das »emotionale Fotografieren« besitzen nicht immer alle Fotos Premiumqualität. Sehen Sie es mir nach und freuen Sie sich mit mir über meine Lieblingsmenschen und meine mit Herzblut gezauberten Eins-a-Pastarezepte!

Theorie

PERFETTO !

ALLES, was die Nudel braucht

Italienische Pasta kommt in verschiedenen Formen daher: mal als Röhrchen, mal als Schnur, mal als Spirale oder aber auch als Schmetterling … Diese sind jedem von uns als Penne, Spaghetti, Fusilli und Farfalle aus dem Supermarkt bekannt und werden – wie auch andere Formen – unter »Trockenpasta« zusammengefasst, da man sie an der Luft trocknet, um sie länger haltbar zu machen. Natürlich kann man Pasta nicht nur fertig kaufen, sondern auch selbst zubereiten. Wie einfach das geht und wie viel besser die Pasta dann schmeckt, erfahren Sie auf den nächsten Seiten.

Darüber hinaus gibt es natürlich Pasta, wie beispielsweise Ravioli, die grundsätzlich frisch zubereitet wird. Sie lässt sich dank moderner Konservierungsmethoden zwar ebenfalls abgepackt kaufen, schmeckt selbst gemacht aber tausendmal besser. Bevor Sie sich nun an die Pastaherstellung wagen, hier noch ein paar Worte zum Kochvorgang …

Am Ende möchten Sie Nudeln essen und keinen Brei. Deshalb ist es entscheidend, die Pasta in sprudelnd kochendem Wasser al dente zu garen, also bissfest oder wörtlich »für den Zahn«. Sparen Sie daher keinesfalls am Wasser: Ein Liter Wasser pro 100 Gramm Nudeln ist durchaus angemessen. Geben Sie die Pasta erst hinein, wenn das Wasser gesalzen ist – schmecken Sie dazu das Nudelwasser ab – und wenn es richtig kocht. Vergessen Sie anschließend nicht, die Nudeln regelmäßig im Kochwasser hin und her zu bewegen. (Übrigens: Bitte kein Olivenöl ins Kochwasser geben, sonst sind die Nudeln danach mit einem Ölfilm belegt und verbinden sich schlecht mit der Sauce.) Wie lange sie jeweils gekocht werden, entnehmen Sie am besten der Packungsanweisung. Während der Kochzeit probieren Sie ab und an, ob die Pasta bereits al dente ist. Sobald das der Fall ist, schütten Sie die Nudeln mit dem Wasser durch ein Sieb und lassen Sie die Nudeln ordentlich abtropfen. (Noch ein No-Go: Nudeln im Sieb bitte niemals abbrausen!) So, nun können Sie Ihr Nudelgericht anrichten und mit dem gewünschten Sugo übergießen. Mhmm, sehr lecker!

Pasta di Gragnano I.G.P.
GENTILE
GRAGNANO
NAPOLI
Penne Rigate
500g℮
Classiche
CIPRIANI
FOOD
TAGLIOLINI
PASTA DI SEMOLA DI GRANO DURO ALL'UOVO EXTRA SOTTILE CON SPINACI
EXTRA THIN DURUM WHEAT EGG PASTA WITH SPINACH
OGM FREE
250 g℮
8.82 oz
SPAGHETTI di GRAGNANO
PASTA di GRAGNANO I.G.P.
Pastificio dei Campi
rustichella d'abruzzo
Pasta di Semola
di Grano Duro
500 g℮ (17.6 oz)
Durum Wheat Semolina Pasta
Pâtes de Semoule de Blé Dur
MADE IN ITALY
1918
BENEDETTO CAVALIERI
ITALIA

Rainers Lieblingsnudeln

TAGLIATELLE
TROFIE
SPAGHETTI

NUDELN selbst machen

Wie Sie Nudeln im Handumdrehen selbst machen können, lesen Sie hier. Dazu brauchen Sie neben den Zutaten nur eine glatte Oberfläche, ein Nudelholz sowie im Idealfall eine Nudelmaschine.

Nudelteig mit Ei

→ **4–6 PERSONEN**

ZUTATEN 450 g Weizenmehl (Type 450) | 50 g Hartweizengrieß | 5 ganze Eier | 1 Prise Salz

01. *Das Mehl und den Grieß mischen und auf ein glattes Brett oder direkt auf die Arbeitsfläche häufen. In der Mitte eine Mulde formen. Eier und Salz hineingeben.*

02. *Die Masse so lange verkneten, bis der Teig eine homogene Struktur aufweist. Falls der Teig noch zu trocken ist, etwas Wasser hinzugeben. Das kann gut 8–10 Min. dauern.*

03. *Dann den Teig zu einer Kugel formen, in Frischhaltefolie einpacken und 30 Min. an einem kühlen Ort (nicht im Kühlschrank) ruhen lassen.*

04. *Schließlich den Teig mit der Nudelmaschine oder dem Nudelholz auswalzen und nach Belieben zu Pasta weiterverarbeiten (ab Seite 16).*

→ **4 PERSONEN**

ZUTATEN

300 g Weizenmehl (Type 450)
50 g Hartweizengrieß
1 Prise Salz
100 ml Wasser (mind.)

Nudelteig ohne Ei

01. *Mehl, Hartweizengrieß und Salz in einen Teller geben. Nach und nach vorsichtig das Wasser hinzugießen und alles grob durchmengen.*

02. *Die Masse auf einer bemehlten Arbeitsfläche 8–10 Min. zu einem homogenen Teig verkneten.*

03. *Den Teig zu einer Kugel formen, in Frischhaltefolie einpacken und 30 Min. an einem kühlen Ort (nicht im Kühlschrank) ruhen lassen.*

04. *Schließlich den Teig mit der Nudelmaschine oder dem Nudelholz auswalzen und nach Belieben zu Pasta weiterverarbeiten (ab Seite 16).*

SPAGHETTI, Pappardelle, Tagliatelle & Lasagneblätter

Erlauben Sie sich beim Auswalzen des Teigs mit der Nudelmaschine ruhig mehrere Durchgänge, damit der Teig die richtige Dicke erhält. Den fertigen Teig können Sie nun mit der Nudelmaschine auswalzen und zu Pappardelle, Tagliatelle oder Spaghetti, zu Lasagne- und Ravioliblättern verarbeiten. Ganz nach Gusto! Mit den Spaghetti funktioniert das ganz einfach, wenn Sie eine Nudelmaschine besitzen: Sie müssen den Teig nur durch die entsprechende Spaghettiwalze Ihrer Maschine rollen. Die fertigen Nudeln bestäuben Sie schließlich mit Mehl, hängen sie auf und lassen sie antrocknen, ehe Sie sie al dente garen. Bei Lasagne, Pappardelle, Tagliatelle oder Ravioli bedarf es einiger weniger Schritte mehr ...

Lasagneblätter

Etwa 10–12 cm breite Lasagneblätter ausrollen. Statt einer Nudelmaschine lässt sich auch ein Nudelholz zum Ausrollen verwenden. Die Lasagneblätter in etwa 30–40 cm lange Stücke (entsprechend der Größe einer Backform) schneiden. Fertig! Die Lasagneblätter können sofort weiterverwendet werden.

Pappardelle/Tagliatelle

01. Die Bahnen nach dem Auswalzen halbieren und wie eine Roulade einrollen.

02. Dann den eingerollten Teig mit einem Messer oder Zackenrädchen in »Scheiben« schneiden. Je nachdem, wie breit Sie den Teig schneiden, werden daraus Pappardelle (1–2 cm breit) …

03. … oder Taglictelle (maximal 1 cm breit). Auf jeden Fall schmecken beide Pastaformen gleichermaßen lecker.

04. Die Nudeln mit Mehl bestäuben, aufhängen oder großzügig auslegen. Etwas antrocknen lassen. Salzwasser erhitzen und die Pappardelle darin maximal 3 Min. garen.

RAVIOLI

Ravioli sind bei der Nudelzubereitung ein Spezialfall. Da der Teig nicht an der Luft getrocknet, sondern mit einem köstlichen Mus gefüllt wird, während er noch weich ist, ist das Vorgehen etwas komplexer. Aber keine Sorge: Das Befüllen der Teigtaschen macht mindestens so viel Spaß, wie die Nudeln selbst zuzubereiten … Dazu nehmen Sie etwas typisch Italienisches, nämlich: 3 dicke Salsiccie. Falls Ihnen eine vegetarische Variante lieber ist, finden Sie das Rezept für eine Kürbisfüllung gleich hier auf der rechten Seite. Was Sie sonst noch brauchen, ist etwas Eiweiß zum Verkleben der Ravioli-Teigplatten.

01. *Die Walzen der Nudelmaschine auf den größten Rollenabstand stellen und mit Mehl bestäuben, dann den Teig mehrmals durchdrehen. Jetzt die Walzen immer enger stellen und den Teig so dünn wie möglich ausrollen.*

02. *Die Bahnen gegebenenfalls teilen und auf eine bemehlte Fläche legen. Nun aus dem Teig mit einer Form Raviolibättchen ausstechen. Alternativ kann hier auch ein Messer oder ein Zackenrädchen zum Einsatz kommen.*

03. *Die zu befüllende Seite der Teigblättchen sollte leicht mit Mehl bestäubt sein, aber nicht zu stark.*

04. *Auf die ausgestochenen Teigblättchen kleine Portionen der Füllung setzen. Den Teig mit Eiweiß bepinseln.*

05. *Dann jedes Raviolіblättchen über die Füllung schlagen und außenherum falten.*

06. *Die Ränder gut festdrücken. Es sollte keine Luft mehr dazwischen sein, sonst können die Ravioli aufplatzen.*

07. *Die Ravioli in leicht gesalzenes und simmerndes Kochwasser geben und etwa 2 Min. garen. Steigen sie an die Oberfläche, von der Hitze nehmen und noch etwa 1 Min. im Wasser ziehen lassen.*

Kürbismusfüllung

→ **CA. 20 GROSSE RAVIOLI**

ZUTATEN ½ kg Hokkaido-Kürbis (ohne Schale und Kerne) | Olivenöl | Salz | Zucker | Muskatnuss, frisch gerieben | 1 Stück Ingwer (ca. 2 cm), fein gerieben | 50 g Parmesan | 6 Amarettini (italienische Mandelmakronen)

01. Den Backofen auf 200° (Ober-/Unterhitze) vorheizen. Den Kürbis schälen und die Kerne entfernen. Das Kürbisfruchtfleisch in Stücke teilen, auf ein Backblech legen und mit etwas Olivenöl beträufeln, dann 15 Min. im Ofen (Mitte) garen.

02. Ist der Kürbis weich, aus dem Ofen holen und in einer Schüssel abkühlen lassen. Den Kürbis mit einem Kartoffelstampfer zu einem feinen Mus verarbeiten und mit Salz, Zucker, Muskat und Ingwer abschmecken.

03. Parmesan reiben, die Amarettini mit der Hand zerbröseln. Beides unter die Kürbismasse rühren und diese portioniert auf die ausgestochenen Teigblättchen setzen (siehe Step 4 und folgende).

RAINERS Lieblings-Tomatensugo ...

... der sich im ständigen Wandel befindet und immer wieder verfeinert wird. Hier die derzeit leckerste Version, die auch auf Vorrat gekocht und in Flaschen abgefüllt werden kann. Nicht vergessen: Die Qualität einer jeden Tomatensauce steht und fällt mit dem Reifegrad der Tomaten. Daher unbedingt beste Qualität verwenden und auch bei den Dosentomaten auf sonnengereifte Tomaten achten!

Bester Tomatensugo

→ **2 FLASCHEN À 750 ML ODER 4–6 NUDELPORTIONEN**

ZUTATEN

- 1 Zwiebel
- 2 Knoblauchzehen
- 2 scharfe Chilischoten
- 1 Topf Basilikum
- 5 Tomaten
- 4 EL Olivenöl
- 600 g geschälte Tomaten (aus der Dose)
- 750 ml Tomatensaft
- 1 TL Zucker
- Salz, gemörserter schwarzer Pfeffer
- 2 Lorbeerblätter
- 5 EL Tomatenmark

01. Zwiebel und Knoblauch schälen und fein würfeln. Die Chilischoten waschen, putzen, entkernen und ebenfalls fein würfeln. Basilikum waschen, trocken schütteln und harte Stängel entfernen. Die frischen Tomaten waschen und vierteln, Stielansätze entfernen.

02. In einer großen Pfanne das Olivenöl erhitzen. Zwiebel, Knoblauch und Chilischoten darin glasig dünsten. Alle anderen Zutaten dazugeben und 15 Min. köcheln lassen. Danach alles durch ein Sieb passieren.

03. Zum Abfüllen die Flaschen vorher mit kochend heißem Wasser ausspülen und gut trocknen lassen. Dann die Tomatensauce – gegebenenfalls mit einem Trichter – heiß einfüllen und zwischen Sauce und Deckel etwa 2 cm Platz lassen. Die Flaschen fest mit den Deckeln verschließen und auf den Kopf gedreht abkühlen lassen.

04. Die Sauce schmeckt scharf, aromatisch und passt optimal zu Nudeln aller Art.

05. Noch etwas: Die Nudeln sollten sich immer gut mit der Sauce verbinden können. Deshalb ist es besonders wichtig, eine große Pfanne zu besitzen, in der man die Nudeln gut mit der Sauce vermengen kann. Das ist bei mehreren Portionen natürlich nicht mehr so einfach, aber dennoch wesentlich für den Pastageschmack! Also, lieber gleich Geld in eine große Pfanne investieren!

RAINERS einzigartiger Gemüsefond ...

... ist die Basis für jegliche Suppen und Saucen und deshalb unverzichtbar. Selbst gemacht schmeckt er natürlich gleich tausendmal besser, ist Millionen Mal gesünder und natürlich ohne Geschmacksverstärker. Deshalb kommt hier jetzt auch Rainers Rezept:

Gemüsefond

ZUTATEN

- 1 Zwiebel
- 1–1,5 kg Putz- und Gemüsereste (nach Belieben Möhren, Kohlrabi, Lauch, Fenchel, Paprika, Blumenkohl, Frühlingszwiebeln)
- 2–3 EL Olivenöl (mind.)
- 1 walnussgroßes Stück Ingwer, in Scheiben geschnitten
- 1 Prise Zucker
- Chili (nach Belieben)
- Knoblauch (nach Belieben)
- Salz

01. Für die Brühe die Zwiebel mit Schale halbieren und in einer Pfanne ohne Fett auf der Schnittfläche dunkel rösten.

02. Die Gemüsereste waschen und gegebenenfalls putzen, in grobe Stücke schneiden. Mit Olivenöl, Ingwer, Zucker, der angeschwärzten Zwiebel und gegebenenfalls Chili und Knoblauch in einen großen Topf geben. Salzen und mit reichlich Wasser auffüllen.

03. Aufkochen, die Hitze reduzieren und 2 Std. köcheln lassen. Durch ein Sieb abseihen, das Gemüse beiseitestellen und die Brühe nochmals aufkochen. Wer mag, kann das ausgekochte Gemüse verschlossen im Kühlschrank etwa 8 Tage aufbewahren und daraus zusammen mit neuen Putz- und Gemüseresten einen weiteren Gemüsefond anfertigen.

04. Der Gemüsefond selbst hält sich verschlossen im Kühlschrank ebenfalls etwa 8 Tage.

RAINERS bester Allzeitfond …

… ist die fleischbasierte Variante zum Gemüsefond auf der vorigen Seite. Auch sehr lecker und genauso vielfältig einsetzbar wie sein vegetarischer Bruder.

Allzeitfond

ZUTATEN

- 1 Zwiebel
- ¼ Knolle Sellerie
- ½ Fenchelknolle
- einige Stängel Petersilie
- 2 Suppenknochen
- 1 Beinscheibe
- 1 Hähnchenkeule
- 20 schwarze Pfefferkörner
- 5 Pimentkörner
- ½ TL Fenchelsamen
- 1 Spritzer Olivenöl
- Salz

01. Für die Brühe die Zwiebel mit Schale halbieren und in einer Pfanne ohne Fett auf der Schnittfläche dunkel rösten.

02. Alles Gemüse und die Petersilienstängel waschen und putzen, in grobe Stücke schneiden. Mit dem Fleisch, den Gewürzen, dem Olivenöl und der angeschwärzten Zwiebel in einen großen Topf geben. Salzen und mit reichlich Wasser auffüllen.

03. Aufkochen, die Hitze reduzieren, den Deckel auflegen und 1,5 Std. köcheln lassen. Den Schaum nicht abschöpfen (er klärt die Brühe).

04. Schließlich alles durch ein Sieb abseihen, das Ausgekochte beiseitestellen und die Brühe nochmals aufkochen. Wer mag, kann das Ausgekochte verschlossen im Kühlschrank etwa 8 Tage aufbewahren und daraus zusammen mit neuen Putz- und Gemüseresten einen weiteren Allzeitfond anfertigen.

05. Der Allzeitfond selbst hält sich verschlossen im Kühlschrank ebenfalls etwa 8 Tage.

RAINERS
leckerer Currysugo

Was gibt es Besseres, als sich seine eigene Currysauce selbst zu kochen? Sie schmeckt nicht nur zu Fischfilets oder zur Currywurst super, sondern auch zu Tagliatelle und Spaghetti – und ist etwas ganz Besonderes. Die Fleischbrühe in diesem Rezept muss natürlich aus eigener Herstellung kommen (siehe Rainers Allzeitfond auf der vorigen Seite); ein Fertigprodukt würde das Curry nur verunstalten.

Currysugo

→ **3–4 PORTIONEN**

ZUTATEN 1 Mango | 1 säuerlicher Apfel | 2 EL geröstetes Sesamöl | 1 Knoblauchzehe, fein gehackt | 1 Zwiebel, fein gehackt | Schale und Saft von 1 Bio-Orange | Schale und Saft von 2 Bio-Zitronen | 1 EL Currypulver | 1 EL Kurkuma | 1 Kapsel Safranpulver | 1 Stange Zitronengras | 1 Zimtstange | 2 scharfe rote Chilischoten (im Ganzen) | 1 l Fleischbrühe | 250 g Sahne (alternativ: 400 ml Kokosmilch) | Cayennepfeffer (nach Belieben) | Kreuzkümmel, Ingwer, Sternanis (nach Belieben)

01. Mango und Apfel schälen, in mundgerechte Stücke schneiden und in einem Topf im Sesamöl andünsten. Knoblauch und Zwiebeln zugeben und mitdünsten, dann Zitrusschalen und -säfte sowie die gemahlenen Gewürze zugeben. Zitronengras, Zimtstange, Chili und die angeschwärzte Zwiebel einlegen, mit der Fleischbrühe übergießen. Aufkochen, Hitze reduzieren und alles 1 Std. köcheln lassen.

02. Nach der Kochzeit durch ein feines Sieb passieren und weiterverarbeiten, beispielsweise als Nudelsauce zu gebratenem Fisch. Dazu die Currysauce etwas einkochen lassen und zum Schluss mit Sahne bzw. Kokosmilch verfeinern. Wer möchte, verleiht der Sauce Extraschärfe durch Cayennepfeffer oder variiert mit Kreuzkümmel, Ingwer oder Sternanis. Sie schmeckt aber auch wunderbar ohne diese zusätzlichen Gewürze.

Rainers Lieblingskäse

BACKENSHOLZER HOFKÄSE: MAL WAS ANDERES UND SAULECKER!

PECORINO: PASST SUPER ZU TOMATEN- UND GEMÜSESUGO.

PARMESAN: FÜR ALLE SUGOS GEEIGNET.

NOCH MAL BACKENSHOLZER KÄSE: ES MUSS NICHT IMMER PARMESAN SEIN.

DAS A & O der Pastabegleitung ...

... umfasst neben einem qualitativ hochwertigen Olivenöl einen leckeren Käse, dessen richtige Handhabung sowie den passenden Wein!

OLIVENÖL

Probieren Sie sich durch alle qualitativ hochwertigen nativen Olivenöle und suchen Sie sich dann Ihr Lieblingsöl fürs Leben heraus. Die kleinen Olivenöl-Manufakturen, aber auch Ihre Geschmacksnerven werden es Ihnen danken.

KÄSE

Es muss nicht immer Parmesan sein. Es gibt sehr viele andere leckere Hartkäsesorten, die genauso gut zur Pasta passen. Den Käse am besten erst vor dem Verbrauch frisch reiben. Kaufen Sie daher doch gleich einen richtig großen »Brocken« Käse, der sich wunderschön hobeln oder reiben lässt. Und nicht vergessen: Käse – egal welcher – gehört nie über Nudeln mit Fisch- oder Meeresfrüchten.

WEIN

Für den Wein gilt das Gleiche wie fürs Olivenöl: Verkosten Sie umfassend und entscheiden Sie sich dann für Ihre Lieblingsweine. Um Ihnen die Testphase ein wenig zu erleichtern, steht bei einzelnen Pastarezepten die oft passende Weinempfehlung mit dabei.

BESTECK

Manche Pasta wird nur mit der Gabel gegessen. In Italien kommen Löffel und Messer nicht mal ansatzweise in die Nähe einer lang gezogenen Nudel. Spaghetti, Tagliatelle oder Pappardelle auf dem Löffel aufzudrehen, ist also mehr als out. Bitte!

BROT

Hier noch ein klasse Baguetterezept, um die allerletzten, besonders leckeren Reste der Pastasauce zu verputzen ...

Baguette

01. Die Hefe mit dem Zucker in etwas Wasser auflösen. Mehl, Salz und die aufgelöste Hefe in die Küchenmaschine geben, nach und nach kaltes Wasser zugießen, bis ein fester Teig entsteht. Diesen nochmals mit der Hand auf einer gut bemehlten Arbeitsfläche durchkneten und abgedeckt stehen lassen, bis sich sein Volumen verdoppelt hat.

02. Gegen Ende der Reifezeit den Backofen auf 200° (Ober-/Unterhitze) vorheizen. Den Teig halbieren und jede Hälfte mit einem Nudelholz zu einem Rechteck auswalzen. Jedes Rechteck mit den Händen einrollen, dabei nach jedem Mal Einschlagen den Teig mit den Fingern fest andrücken. Die Abschlusskante sehr gut mit dem Teig verbinden und mit den Fingern wieder fest zusammendrücken.

03. Die Brotlaibe auf ein geöltes Backblech setzen und nochmals gehen lassen. Dann die Baguettes mit einem scharfen Messer längs mehrmals etwa 1 cm tief einschneiden und mit Wasser bepinseln. Das Backblech mit den Baguettes in den heißen Ofen (Mitte) schieben, 1 Tasse Wasser auf den Boden des Backofens gießen, das Brot etwa 30 Min. backen. Nach 10 Min. Backzeit die Backofentür kurz öffnen und die Feuchtigkeit entweichen lassen.

→ **2 STÜCK**

ZUTATEN

1 Würfel frische Hefe
etwas Zucker
325 ml kaltes Wasser
500 g Weizenmehl (Type 405 oder Tipo 00)
1 TL Salz

Rezepte

DELICIOSO!

Pasta mit Fisch & Meeresfrüchten

LINGUINE mit Rotbarsch

→ **4–5 PERSONEN**

ZUTATEN

1 Bund Frühlingszwiebeln
1 kleine Fenchelknolle
1 kleine Zucchini
1 scharfe Chilischote
2 große Knoblauchzehen
1 walnussgroßes Stück Ingwer
1 Topf Basilikum
1 Bio-Zitrone
500 g Linguine (feine Bandnudeln)
Salz
3 Rotbarschfilets (à 120–140 g; ohne Gräten, ohne Haut)
3 EL Olivenöl (mind.)
Salz, gemörserter schwarzer Pfeffer

01. Frühlingszwiebeln, Fenchel, Zucchini und Chilischote waschen und putzen. Knoblauch und Ingwer schälen. Ingwer reiben und Zucchini sehr fein hobeln. Knoblauch und Chili fein hacken, den Rest in kleine Stücke schneiden. Basilikum waschen und trocken schütteln, die Blätter abzupfen. Von der Zitrone die Schale fein abreiben, die Zitrone halbieren und eine Hälfte auspressen.

02. Die Linguine nach Packungsanweisung in sprudelnd kochendem Salzwasser garen; sie dürfen etwas weicher sein als »al dente«.

03. Die Rotbarschfilets im Ganzen in einer Pfanne in Olivenöl von beiden Seiten anbraten und höchstens 3 Min. garen. Von der Hitze nehmen und den Fisch – am besten mithilfe von zwei Löffeln – in Stücke zupfen. Frühlingszwiebeln und Fenchel mit Knoblauch, Chili und Ingwer dazugeben. Salzen und pfeffern.

04. Die gegarten Nudeln abgießen und leicht feucht untermengen. Jetzt erst Basilikumblätter, Zucchini sowie Zitronensaft und -schale einrühren. Alles gut vermengen und dann heiß servieren.

PAPPARDELLE
in Tintenfischsugo

→ **4–6 PERSONEN**

ZUTATEN

- 1 kg frischer Tintenfisch (alternativ: TK-Ware, Wildfang)
- 4 Spitzpaprika
- 1 mittelgroße Knolle frischer Knoblauch
- 2 Stangen Staudensellerie
- 8 mittelgroße Kartoffeln
- 2 scharfe Chilischoten
- ½ Bund Petersilie
- 500 g Pappardelle (breite Bandnudeln)
- Salz
- Olivenöl
- 1 l Tomatensaft
- 1 l Gemüsebrühe (oder mehr)
- 200 ml Weißwein
- 1 EL Tomatenmark (gehäuft oder nach Geschmack mehr)
- 680 g weiße Bohnen (aus dem Glas), abgetropft
- 20 schwarze Oliven (ohne Stein; nach Belieben)
- Bio-Zitronenschale und -saft

01. Frische Tintenfische putzen, den Kopf mit den Innereien herausziehen, dann die Arme vom Kopf unterhalb der Augen abtrennen. Die Tuben halbieren, das plastikartige Rückgrat und die restlichen Innereien entfernen. Tuben und Arme waschen und in eine Schale legen.

02. Die Spitzpaprika mit einem Sparschäler schälen, Strunk und Kerne entfernen und in Stücke schneiden. Knoblauch schälen, Sellerie waschen und putzen, beides in Streifen schneiden. Die Kartoffeln schälen, in mundgerechte Stücke schneiden und gar kochen. Chili waschen, putzen und entkernen, fein hacken. Petersilie waschen, trocken schütteln, von harten Stielen befreien und hacken.

03. Die Pappardelle nach Packungsanweisung in sprudelnd kochendem Salzwasser al dente garen.

04. In einer Pfanne Olivenöl erhitzen, Paprika, Knoblauch und Chili darin andünsten. Den Tintenfisch mit der Flüssigkeit aus der Schale und die Kartoffeln dazugeben. Mit Tomatensaft, Brühe und Wein ablöschen, dann Tomatenmark, Bohnen und nach Belieben Oliven in den Topf geben, kräftig abschmecken und 20 Min. köcheln lassen.

05. Nudeln abgießen, mit dem Sugo vermengen. Petersilie, Zitronensaft und -schale darübergeben. Mit 1 Spritzer Olivenöl krönen und genießen.

Fruchtige Spaghetti mit Garnelen

→ **4–5 PERSONEN**

ZUTATEN 18 rohe Garnelen mit Schale (MSC-Siegel) | 1 Bio-Orange | ½ Bio-Zitrone | 2 Knoblauchzehen | 2 Schalotten | 1 EL Kapern | 6 eingelegte getrocknete Tomaten (alternativ: 6 Cocktailtomaten) | ½ Chilischote | 1 Zweig Rosmarin | 500 g Spaghetti | Meersalz | 100 ml Olivenöl | 100 ml sehr trockener Wermut (z. B. Noilly Prat)

01. Die Garnelen schälen, gegebenenfalls die Köpfe entfernen. Den Rücken leicht anschneiden und den dunklen Darm herausziehen. Die Orangenschale mit einem Zestenreißer abziehen und in sehr feine Streifen schneiden. Den Saft der Orange und der Zitrone auspressen. Knoblauch und Schalotten schälen und fein würfeln. Kapern und eingelegte Tomaten grob klein schneiden. Chilischote waschen und putzen, Rosmarin waschen, trocknen, die Nadeln abzupfen. Chili und Rosmarinnadeln hacken.

02. Die Spaghetti nach Packungsanweisung in sprudelnd kochendem Salzwasser al dente garen.

03. In einer Pfanne das Olivenöl erhitzen, Knoblauch und Schalotten darin glasig dünsten. Tomaten, Chili, Kapern, Rosmarin, Wermut, Zitronen-, Orangensaft und -schale zufügen, alles 3–4 Min. bei schwacher Hitze einköcheln lassen. Die Garnelen in den Sud legen und in 4 Min. gar ziehen; dabei wenden. Den Sud zum Schluss mit Salz abschmecken.
04. Gegarte Nudeln abgießen und tropfnass in den Sud mit den Garnelen geben. Vorsichtig vermengen und sofort servieren.

Mediterrane Spaghetti mit Garnelen

→ **4 PERSONEN**

ZUTATEN 500 g mittelgroße rohe Garnelen mit Schale (MSC-Siegel) | 1 kg Tomaten | 1 Zwiebel | 2 Knoblauchzehen | 1 Chilischote | ½ Bund Thymian | 1 Zweig Rosmarin | 6 Salbeiblätter | 400 g Spaghetti | Salz | Olivenöl | 200 ml trockener Weißwein (Weiß- oder Grauburgunder) | 1 TL Tomatenmark | 1 EL Butter | ca. 20 schwarze Oliven (ohne Stein) | 2 EL kleine Kapern (eingelegt) mit Flüssigkeit | gemörserter schwarzer Pfeffer, Zucker

01. Garnelen schälen, den Rücken leicht anschneiden und den Darm herausziehen. Tomaten waschen, in grobe Stücke schneiden und die Stielansätze entfernen. Zwiebel und Knoblauch schälen und in feine Würfel schneiden. Chili waschen, entkernen und ebenfalls würfeln. Die Kräuter waschen, trocknen, 2 Thymianzweige beiseitelegen, von den übrigen Blätter bzw. Nadeln abzupfen und fein hacken. Salbei klein schneiden.
02. Die Spaghetti nach Packungsanweisung in sprudelnd kochendem Salzwasser al dente garen.
03. Inzwischen in einer großen Pfanne etwas Olivenöl erhitzen, Zwiebeln, Knoblauch und Chili darin farblos andünsten. Tomatenwürfel in die Pfanne geben und mit den Kräutern vermengen. Wein, Tomatenmark und die Butter unterrühren, anschließend Oliven und Kapern hinzufügen. Den Sud mit Salz, Pfeffer, Zucker und etwas Kapernflüssigkeit würzen. 5 Min. leicht köcheln, dann die Garnelen in den Sud legen und 7–8 Min. ziehen lassen.
04. Gegarte Nudeln abtropfen lassen, zur Sauce geben und alles gut vermengen. Beiseitegelegte Thymianzweige zerkleinert darüberstreuen.

LASAGNE mit Lachs und Rucola

→ **6–8 PERSONEN**

ZUTATEN

- 1 kg Lachsfilet am Stück
- 750 g Sahne
- 2 Bund Rucola
- 2 Knoblauchzehen
- Olivenöl
- Salz
- 800 g Lasagneblätter
- 200 g Parmesan, frisch gerieben
- 200 ml Weißwein
- 1 Prise frisch geriebene Muskatnuss
- gemörserter schwarzer Pfeffer
- 100 g dünne Scheiben gekochter Schinken

FÜR DEN MANGO-DIP

- 2 Mangos
- 1 Chilischote
- Olivenöl
- Salz

01. Den Backofen auf 200° (Ober-/Unterhitze) vorheizen. Das Lachsfilet waschen und gegebenenfalls entgräten, dann quer halbieren, sodass zwei dünne, breite Stücke entstehen. Die Lachsstücke auf die Breite der Lasagneblätter zuschneiden. 500 g Sahne erhitzen und auf die Hälfte einkochen lassen; sie sollte cremig und nicht mehr flüssig sein.

02. Rucola waschen und trocknen, 1 Knoblauchzehe schälen. Beides in einem Blitzhacker grob zerkleinern, dabei etwas Olivenöl einlaufen lassen. Die Rucolamasse in eine Schüssel füllen und mit Salz abschmecken.

03. Eine passende feuerfeste Form mit Olivenöl bestreichen, 1 Lasagneblatt hineinlegen. Darauf 1 Lachsstück setzen, mit etwas eingekochter Sahne bestreichen und salzen. Eine Schicht Schinken und Rucolamasse daraufgeben, mit eingekochter Sahne beträufeln. Mit Parmesan bestreuen, mit Muskat und Pfeffer würzen. Wieder 1 Lasagneblatt und Lachs einschichten, salzen und mit eingekochter Sahne bestreichen. So fortfahren, bis alle Zutaten aufgebraucht sind, mit 1 Nudelblatt abschließen. Darauf wieder eingekochte Sahne, Parmesan und etwas Olivenöl geben. Nun etwas Weißwein und die übrige Sahne in die Form gießen. Die übrige Knoblauchzehe schälen und andrücken, ebenfalls hinzufügen. Die Lasagne sollte nicht mehr als 1 cm in der Flüssigkeit stehen. Im vorgeheizten Ofen (Mitte) in 20 Min. garen.

04. Für den Mango-Dip die Mangos schälen und das Fruchtfleisch in Würfel schneiden. Die Chilischote waschen, putzen, entkernen und grob hacken. Mangofruchtfleisch, Chili und etwas Olivenöl in einen Behälter geben und mit dem Pürierstab zu einem Dip aufmixen.

05. Die Lasagne in Scheiben schneiden und mit etwas Sud auf Teller verteilen. Den Mango-Dip separat dazu servieren.

Nittardi

TAGLIATELLE
mit Schollenfilets

01. Frische Schollen kaufen und diese filieren oder gleich frische Schollenfilets beim Fischhändler besorgen. Noch besser: Schollen kaufen und ohne Aufpreis vom Händler filieren lassen.
02. Für die Sauce den Knoblauch schälen, die Frühlingszwiebeln waschen und putzen, beides in feine Streifen schneiden. Die Tomaten überbrühen, enthäuten, entkernen und in Würfel schneiden. Die Petersilie waschen, trocken schütteln und fein hacken.
03. Den Knoblauch mit den Frühlingszwiebeln und den klein geschnittenen Sardellenfilets in Olivenöl andünsten. Mit dem Weißwein ablöschen, Sahne, Tomaten und Oliven dazugeben und alles einköcheln lassen.
04. Die Tagliatelle nach Packungsanweisung in sprudelnd kochendem Salzwasser al dente garen.
05. Inzwischen die Schollenfilets in mundgerechte Stücke schneiden, mit Zitrone beträufeln und leicht säuern. In die Sauce geben und leicht ziehen lassen. Die Sauce mit Pfeffer und wenig Salz abschmecken (die Sardellen geben erhebliches Salz ab).
06. Die Nudeln abgießen und tropfnass auf eine große Platte geben. Die Sauce mit den Schollenfilets darübergießen, mit Petersilie bestreuen und mit kaltem frischem Weißwein genießen.

→ **4 PERSONEN**

ZUTATEN

4 große Schollenfilets
500 g Tagliatelle (Bandnudeln)
Salz
Zitrone

FÜR DIE SAUCE

2 Knoblauchzehen (oder nach Geschmack mehr)
1 Bund Frühlingszwiebeln
2 große Fleischtomaten
½ Bund Petersilie
4–5 Sardellenfilets
Olivenöl
200 ml trockener Weißwein (bevorzugt Riesling)
200 g Sahne
20 schwarze Oliven (ohne Stein)
gemörserter schwarzer Pfeffer, Salz

SPAGHETTI vongole

→ **4–5 PERSONEN**

ZUTATEN

- 1 kg frische Venusmuscheln (Vongole)
- 4 Knoblauchzehen
- 1 Schalotte
- 1 kleine Stange Staudensellerie (aus der Mitte)
- 1 Bund Petersilie
- 8 Kirschtomaten
- 500 g Spaghetti
- Meersalz
- 100 ml Olivenöl
- 1 Chilischote
- 200 ml trockener Weißwein (Grau- oder Weißburgunder)
- 1 Lorbeerblatt

01. Die Muscheln gut abspülen; angeschlagene und solche, die sich unter Wasser nicht mehr schließen, entsorgen. Dann 1 Std. in kaltes, gesalzenes Wasser legen, um letzte Sandreste auszuspülen. Eventuell das Wasser wechseln.

02. Knoblauch und Schalotte schälen, Staudensellerie waschen und putzen, alles fein würfeln. Petersilie und Kirschtomaten waschen. Die Petersilie hacken, die Kirschtomaten vierteln.

03. Die Spaghetti nach Packungsanweisung in sprudelnd kochendem Salzwasser al dente garen.

04. In einem hohen Topf etwas Olivenöl erhitzen, Knoblauch, Schalotten, Chili und Staudensellerie darin farblos anschwitzen. Die Muscheln aus dem Wasser nehmen und in den Topf geben, mit dem Würzansatz vermengen. Mit dem Weißwein ablöschen, das Lorbeerblatt und die Hälfte der Tomaten hinzufügen, den Sud leicht salzen. Den Topf verschließen, die Muscheln 4–5 Min. im Sud und Dampf garen; den Topf mehrmals leicht rütteln. Die Hitze auf ein Minimum reduzieren.

05. Einige geöffnete Muscheln für die Deko beiseitelegen, aus den übrigen das Fleisch lösen. Die Schalen sowie Muscheln, die sich nicht geöffnet haben, entsorgen. Den Sud mit Salz abschmecken.

06. Die Spaghetti abgießen und tropfnass mit den Muscheln vermengen. Die restlichen Tomaten mit etwas Olivenöl in eine Schüssel geben, die Pasta einfüllen und mit Petersilie bestreuen. Sofort servieren.

Fusilli mit Auberginen-Tomaten-Ragout

→ **2–3 PERSONEN**

ZUTATEN 2 mittelgroße Auberginen | 6–8 mittelgroße Tomaten | 2–3 Stangen Staudensellerie aus der Mitte | 2 Schalotten | 1 Stück junger Knoblauch (alternativ: 2 Knoblauchzehen) | 1 Chilischote | 250–300 g Fusilli, bevorzugt Fusilloni (Spiralnudeln) | Salz | Olivenöl | 250 ml Gemüsebrühe | 3 eingelegte Sardellenfilets | gemörserter schwarzer Pfeffer | Zitronensaft | 2 EL würziger Hartkäse (Parmesan, Pecorino, alter Gouda) | etwas Thymian und Rosmarin

01. Das Gemüse waschen und putzen bzw. schälen. Auberginen in Würfel schneiden. Tomaten vierteln, den Staudensellerie in kleine Stücke teilen. Schalotten und Knoblauch in feine Streifen schneiden oder würfeln. Die Chilischote fein hacken.
02. Die Spiralnudeln nach Packungsanweisung in sprudelnd kochendem Salzwasser al dente garen.
03. In einer hohen Pfanne Olivenöl erhitzen und die Auberginenwürfel darin scharf anbraten. Schalotten, Knoblauch und Staudensellerie hinzu-

fügen und ebenfalls kurz bräunen. Die Tomaten zugeben und leicht andrücken. Etwas Brühe angießen, sodass die Zutaten schmoren können. Die Sardellenfilets und die Chilischote in den Sud geben, gegebenenfalls noch mit etwas Pfeffer und Zitronensaft würzen. Das Ragout 20 Min. köcheln lassen; dabei immer wieder etwas Brühe angießen. Zum Schluss etwas Käse darüberreiben und das Ragout verrühren.

04. Die Nudeln abgießen und tropfnass zum Ragout geben. Alles vermengen, noch etwas Käse darüberreiben und mit frischen Kräutern bestreuen.

Spaghetti mit Auberginen

→ **4–5 PERSONEN**

ZUTATEN 1 große Aubergine | 2 große Zwiebeln | 500 g Spaghetti | Salz | 80 g Sardellenfilets (aus dem Glas) | 4 EL Olivenöl | 400 g geschälte Tomaten (aus der Dose), abgetropft | 1 Bund Petersilie | 500 ml Brühe | 2 EL Weißweinessig | 1 EL Zucker | gemörserter schwarzer Pfeffer und Zitronensaft (nach Geschmack)

01. Die Aubergine waschen, vom Stielansatz befreien und in mundgerechte Würfel schneiden. Zwiebeln schälen und würfeln.

02. Die Spaghetti nach Packungsanweisung in sprudelnd kochendem Salzwasser al dente garen.

03. Sardellenfilets mit den Zwiebeln in Olivenöl andünsten. Auberginenwürfel, Tomatenfruchtfleisch, Petersilie und Brühe dazugeben. Alles bei geschlossenem Deckel bei schwacher Hitze 10–15 Min. köcheln lassen; so werden die Auberginen gar und nehmen die Flüssigkeit auf.

04. Nach dem Schmoren alles mit Weißweinessig und Zucker süßsauer abschmecken. Wer möchte, würzt noch mit Pfeffer und Zitronensaft. Die gegarten Spaghetti abgießen, mit den Auberginen vermengen und heiß servieren.

CAPELLINI
mit Chili und Crevetten

4–5 PERSONEN

ZUTATEN

500 g Capellini (feine dünne Spaghetti)
Salz
1 große Zwiebel
2–3 Knoblauchzehen
½ Bund Petersilie
Olivenöl
500 g Nordsee-Crevetten, tiefgekühlt
400 g geschälte Tomaten (aus der Dose), abgetropft
2 scharfe Chilischoten (mind.)
½ TL Paprikapulver
½ TL Cayennepfeffer
300 ml Tomatensaft
200 ml trockener Weißwein
Saft von 1 Limette
1 Prise Zucker
150 g Crème fraîche

01. Die Capellini nach Packungsanweisung in sprudelnd kochendem Salzwasser al dente garen.

02. Zwiebel und Knoblauch schälen und würfeln. Petersilie waschen, trocken schütteln, von harten Stielen befreien, den Rest fein hacken.

03. Zwiebel in Olivenöl andünsten. Crevetten mit kochendem Wasser übergießen und tropfnass zu den Zwiebeln geben. Knoblauch und Dosentomaten ebenfalls zugeben; die Tomaten mithilfe eines Holzlöffels in der Pfanne leicht zerteilen. (Gegebenenfalls vorher von den Tomaten die groben Kerne und die Strünke entfernen.)

04. Zügig Chilischoten, Paprikapulver und Cayennepfeffer einrühren, alles mit Tomatensaft und Weißwein ablöschen. Mit Limettensaft, Petersilie, Salz und Zucker abschmecken. Diesen Sud 2–3 Min. sanft köcheln lassen. (Insgesamt sollte die Zubereitung des Suds 5–6 Min. dauern.)

05. Gegarte Nudeln abgießen und tropfnass in den Sud geben. Alles gut vermengen, bei Bedarf noch etwas Tomatensaft dazugeben. Nochmals abschmecken und auf tiefe Teller verteilen. Als Krönung auf jede Portion 1 Klecks Crème fraîche geben. Dazu passt Chianti vom Feinsten. O sole mio.

FLORIAN KRUCK,
kulinarischer Begleiter seit fast
30 Jahren, Freund und Regisseur

»Capellini mit Tintenfisch«

AUGUST KESSELER,
mein Winzer August aus dem Rheingau

»Zweimal wöchentlich Spaghetti mit Tomatensauce und Backensholzer Käse, dazu grüner Salat«

MICHAEL HOFFMANN,
Sternekoch und Wegbegleiter in
Sachen Essen und Trinken

»Bandnudeln mit Sahne, Butter und Trüffel«

BESTE BILDERFRAUEN

Nicole Foltys (li) *»Spaghetti mit Trüffel und Parmesan«*

Alina Richter (m) *»Dicke kurze Nudeln mit Cima di Rapa, Anchovis und Kapern«*

Stefanie Reinsch (re) *»Spaghetti all'arrabbiata«*

TAGLIATELLE
mit Wolfsbarsch und Spinat

→ **4 PERSONEN**

ZUTATEN

- 300 g Tagliatelle (Bandnudeln)
- Salz
- 1 kg frischer Blattspinat
- 1 kleine Fenchelknolle mit Fenchelgrün
- 1 Chilischote (nach Belieben)
- 50 g Butter
- 2 EL Olivenöl
- Muskatnuss, frisch gerieben
- ca. 1 kg Wolfsbarsch (Loup de mer)

FÜR DIE SAUCE

- 500 ml Brühe, Gemüse- oder Fischfond
- 200 ml Weißwein
- 3 EL sehr trockener Wermut (z. B. Noilly Prat)
- 50 g Butter

FÜR DEN SUD

- 1 Zwiebel
- Olivenöl
- etwas Brühe
- 1 Lorbeerblatt
- 1 angedrückte Knoblauchzehe
- Salz
- 1 Spritzer Essig

01. Zuerst die Sauce zubereiten. Alle Zutaten für die Sauce – außer der Butter – in eine Sauteuse (eine Schwenkpfanne mit hohem Rand) geben und mindestens um ein Drittel einkochen lassen; die Flüssigkeit sollte eine sämige Konsistenz haben. Zuletzt die Butter zugeben und pürieren.

02. Die Tagliatelle nach Packungsanweisung in sprudelnd kochendem Salzwasser al dente garen.

03. Den Spinat waschen, putzen, trocknen und zerzupfen. Fenchel waschen, putzen und mitsamt dem Fenchelgrün in feine Scheiben schneiden. Die Chilischote waschen, putzen und fein hacken. In einer beschichteten Pfanne Butter und Olivenöl erhitzen, Fenchel und Spinat darin andünsten und zusammenfallen lassen. Mit Salz, Muskat und nach Belieben mit Chili würzen.

04. Für den Sud die Zwiebel schälen, in Ringe schneiden und in einem Topf in Olivenöl anbraten. Mit Brühe ablöschen, die übrigen Zutaten dazugeben und mit Wasser auffüllen. Aufkochen, die Hitze reduzieren, den Fisch in den Sud geben und alles 15 Min. leicht ziehen lassen, Schaum abschöpfen. Vom Fisch das Fleisch auslösen.

05. Die gegarten Nudeln abgießen und auf eine Servierplatte geben. Fisch und Spinat darauf anrichten und die Sauce darüberschöpfen, fertig. Pasta mit Fisch der Spitzenklasse.

SPAGHETTI al gusto

→ **4 PERSONEN**

ZUTATEN

ROT-GRÜNE VERSION

- 1 rote Paprikaschote
- 2 grüne Paprikaschoten
- 2 Knoblauchzehen
- 2 Schalotten
- 5 Sardellenfilets
- ½ Bund Petersilie
- 500 g Spaghetti
- Salz
- Olivenöl
- 500 ml Brühe
- Butter
- gemörserter schwarzer Pfeffer
- Parmesan

SCHWARZ-GELBE VERSION

- 1 gelbe Paprikaschote
- 1 große Aubergine
- 2 Knoblauchzehen
- 2 Schalotten
- 5 Sardellenfilets
- ½ Bund Petersilie
- 500 g schwarze Spaghetti
- Salz
- Olivenöl
- 500 ml Brühe
- Butter
- gemörserter schwarzer Pfeffer
- Parmesan

01. Paprikaschote(n) mit einem Sparschäler schälen, Strunk und Kerne entfernen und in feine Würfel schneiden. Aubergine waschen und ebenfalls würfeln. Knoblauch und Schalotten schälen und wie die Sardellenfilets klein schneiden. Petersilie waschen, trocknen und hacken.

02. Die Spaghetti nach Packungsanweisung in sprudelnd kochendem Salzwasser al dente garen.

03. Knoblauch, Schalotte und Sardellenfilets in Olivenöl in einer großen Pfanne andünsten, ständig bewegen. Paprikaschoten und Auberginen dazugeben, mit Brühe aufgießen und 8–10 Min. köcheln lassen. Mit Petersilie bestreuen.

04. Die Nudeln abgießen und in die Pfanne zum Gemüse geben. Butter daraufgeben und schmelzen. Alles gut vermengen. Mit Pfeffer bestreuen, Parmesan frisch darüberreiben.

05. Wer mehr Flüssigkeit möchte, erhöht einfach den Brüheanteil und nimmt mindestens 2 Sardellenfilets mehr.

Linguine mit Lachs und Gurke

→ **2–3 PERSONEN**

ZUTATEN 1 Bio-Gurke | Salz | 200 g Linguine (feine Bandnudeln) | 200 ml trockener Weißwein | 250 g Sahne | 200 g Vollmilch-Naturjoghurt | 1 Prise Chilipulver | 2 Lachsfilets (à 150 g) | 3 Frühlingszwiebeln | 2 EL Butter | Olivenöl | gemörserter schwarzer Pfeffer

01. Die Gurke waschen, trocknen, in 8 cm lange Stücke schneiden und vierteln. Dann das Fruchtfleisch abschneiden und kunstvoll tournieren. Die Gurkenstücke in kochendem Salzwasser 2 Min. blanchieren, dann kalt abschrecken und beiseitestellen.

02. Die Linguine nach Packungsanweisung in sprudelnd kochendem Salzwasser al dente garen.

03. Für die Sauce den Weißwein um die Hälfte einkochen, die Sahne zugeben und alles gut 10 Min. erhitzen. Von der Hitze nehmen, die Gurkenstücke einlegen und den Joghurt einrühren, mit Salz, Pfeffer und Chili abschmecken. Bei sehr schwacher Hitze warmhalten.

04. Das Lachsfilet salzen. Frühlingszwiebeln waschen, putzen und in feine Streifen schneiden. In einer beschichteten Pfanne Butter und Olivenöl erhitzen, Lachs und Frühlingszwiebeln darin braten.
05. Die Linguine abgießen, kurz abtropfen lassen und auf Teller verteilen. Sauce und Lachs darübergeben und fertig. Kleine feine Hauptspeise.

Linguine in Folie

→ **3–4 PERSONEN**

ZUTATEN 300 g Linguine (feine Bandnudeln) | Salz | 300 g Lachsfilet (ohne Haut) | 4 Fleischtomaten | 4 Frühlingszwiebeln | 2 TL Currypulver | 2 TL Chilipulver | Schale von 1 Bio-Orange | Meersalz | Olivenöl | Butter (alternativ: mehr Olivenöl)
FÜR DEN SUD 500 ml Orangensaft | 100 ml sehr trockener Wermut (z. B. Noilly Prat) | Salz | gemörserter schwarzer Pfeffer **AUSSERDEM** Alufolie

01. Für den Sud alle Zutaten in einem Topf erhitzen und um die Hälfte einkochen lassen.
02. Die Linguine nach Packungsanweisung in Salzwasser nicht ganz al dente kochen; die Nudeln garen in der Folie noch etwas nach.
03. Den Lachs in mundgerechte Würfel schneiden. Tomaten überbrühen, enthäuten, entkernen und würfeln. Frühlingszwiebeln waschen, putzen und in feine Streifen schneiden.
04. Den Backofen auf 180° (Ober-/Unterhitze) vorheizen. Die Nudeln abgießen (etwas Kochwasser auffangen), kalt abschrecken, mit etwas Nudelwasser anfeuchten und beiseitestellen.
05. 4 Bögen Alufolie ausbreiten, jeweils Lachs darauflegen, mit Nudeln bedecken, dann Tomatenwürfel und Frühlingszwiebel daraufschichten, mit Curry- und Chilipulver, Orangenschale und etwas Meersalz würzen. 1 Schuss Olivenöl und 1 EL Butter daraufgeben. Alles vermengen, 2 EL des eingekochten Suds beigeben. Die Folienpäckchen verschließen und 10 Min. in den vorgeheizten Backofen (Mitte) geben. Herausnehmen, die Päckchen öffnen und den Duft genießen. Idealer Begleiter ist ein kräftiger Weißwein aus dem Badischen, wie Grau- oder Weißburgunder.

SPAGHETTI mit Scampi

4 PERSONEN

ZUTATEN

500 g Scampi (mit Schale, nicht vorgekocht)
2 Fleischtomaten
1 mittelgroße Zucchini
500 g Spaghetti
Salz
Olivenöl
250 g Sahne
200 ml Weißwein (Riesling oder Pinot Grigio)
Mehl
Butter
gemörserter schwarzer Pfeffer

01. Die Scampi vom Darm befreien, gegebenenfalls die Köpfe entfernen und längs halbieren, Tomaten überbrühen, enthäuten und entkernen. Zucchini waschen und putzen, ebenfalls längs halbieren und mit einem Löffel die Kerne entfernen. Zucchini in 5 cm lange schmale Streifen schneiden.

02. Die Spaghetti nach Packungsanweisung in sprudelnd kochendem Salzwasser al dente garen.

03. Die Scampi in Olivenöl andünsten, dann leicht salzen, mit Sahne und Wein ablöschen. Zucchini und Tomaten dazugeben, alles bei schwacher Hitze einköcheln lassen. Damit die Sauce eine sämige Konsistenz bekommt, mit etwas Mehlbutter binden. Dazu Mehl und Butter verkneten und nach und nach unter die Sauce rühren. Mit Pfeffer abschmecken.

04. Die Spaghetti abgießen und tropfnass zur Sauce geben. Auf Teller verteilen und servieren.

Pasta vegetarisch

SPINAT-FUSILLI

01. Den Spinat von harten Strünken befreien, waschen und trocknen. 10 schöne Blätter zum Frittieren beiseitelegen.
02. In einer Pfanne ohne Fett zuerst die Pinienkerne goldbraun rösten, dann die Cocktailtomaten darin kurz anbräunen. Herausnehmen, etwas Öl in der Pfanne erhitzen und die 10 Spinatblätter in 30 Sekunden knusprig frittieren. Alles separat warmstellen.
03. Die Fusilli nach Packungsanweisung in sprudelnd kochendem Salzwasser al dente garen.
04. Schalotten und Knoblauch schälen, Chili waschen und putzen, alles fein hacken. In einer großen Pfanne Olivenöl erhitzen. Schalotten, Knoblauch und Chili darin andünsten. Mit Sahne und der gleichen Menge Wasser ablöschen, 2 EL Parmesan darüberstreuen, den Zitronensaft zugießen. Alles 10 Min. bei schwächster Hitze köcheln lassen.
05. In einer zweiten Pfanne Olivenöl erhitzen. Den Spinat nach und nach zugeben, mit Muskat würzen und zusammenfallen lassen. Dann unter die Sahnemischung ziehen. Die gegarten Fusilli abgießen, tropfnass mit in die Pfanne geben und alles gut vermengen.
06. Mit den Pinienkernen und etwas Parmesan bestreuen, die Cocktailtomaten und als Krönung die frittierten Spinatblätter darauf verteilen. Als idealer Begleiter eignet sich ein Chianti Classico.

→ **2–3 PERSONEN**

ZUTATEN

600 g frischer Blattspinat
50 g Pinienkerne
8 Cocktailtomaten an der Rispe
Traubenkern- oder Sonnenblumenöl, zum Frittieren
300 g Fusilli (Spiralnudeln)
Salz
3 Schalotten
3 Knoblauchzehen
1 scharfe Chilischote
Olivenöl
200 g Sahne
2 EL frisch geriebener Parmesan
Saft von ½ Zitrone
Muskatnuss, frisch gerieben

PASTA-PASTETE

→ **4–6 PERSONEN**

ZUTATEN

500 g Penne rigate (kurze Röhrennudeln)
Salz
1 mittelgroßer Brokkoli
Butter für die Form
5 EL Paniermehl
200 g Pecorino, frisch gerieben
3 hartgekochte Eier
Olivenöl

FÜR DIE SAHNESAUCE

2 Knoblauchzehen
250 ml Milch
200 g Sahne
3 Eier
3 EL frisch geriebener Parmesan
1 Prise Salz
1 Prise frisch geriebene Muskatnuss
½ TL Cayennepfeffer

FÜR DIE TOMATENSAUCE

3 frische Tomaten
1 Schalotte
1 Knoblauchzehe
1 kleine Chilischote
Olivenöl
500 ml Tomatensaft
einige Kräuterzweige
Salz, gemörserter schwarzer Pfeffer, Zucker

01. Den Backofen auf 200° (Ober-/Unterhitze) vorheizen.

02. Die Penne rigate nach Packungsanweisung in sprudelnd kochendem Salzwasser al dente garen.

03. Den Brokkoli in große Röschen teilen, dann etwa 1 ½ Min. in Salzwasser garen. In kaltem Wasser abschrecken und trocken tupfen.

04. Die gegarten Nudeln in ein Sieb abgießen und abtropfen lassen.

05. Für die Sahnesauce den Knoblauch schälen und durch die Presse drücken. Milch, Sahne, rohe Eier, Parmesan und Knoblauch gut verrühren und mit Salz, Muskat und Cayennepfeffer abschmecken.

06. Eine Kastenform (30 cm Länge) mit Butter ausstreichen und mit etwas Paniermehl bestäuben. Eine Schicht Nudeln auf dem Boden der Form auslegen, dann mit etwas Sauce begießen und mit Käse bestreuen. Die hartgekochten Eier schälen und im Ganzen der Länge nach auf die ersten Nudelschicht legen. Wer mag, setzt noch zwischen die Eier Brokkoliröschen. Den restlichen Brokkoli auf beiden Seiten der Eier verteilen. Darauf wieder 1 Schicht Nudeln verteilen, mit Sauce und etwas Käse bedecken. Nun die Form mit den Nudeln auffüllen, die restliche Sauce darübergießen. Mit einer dicken Schicht Käse und Paniermehl bestreuen und mit etwas Olivenöl benetzen.

07. Die Pasta-Pastete im Ofen 60 Min. backen. Nach 30 Min. die Hitze auf 180° reduzieren.

08. Inzwischen für die Tomatensauce die Tomaten waschen, putzen und in Würfel schneiden. Schalotte und Knoblauch schälen und fein würfeln. Die Chilischote waschen, von Stielansatz und Kernen befreien, in feine Streifen schneiden. Olivenöl in einer Pfanne erhitzen, Schalotten, Knoblauch und Chili darin farblos anbraten. Die Tomatenstücke dazugeben, verrühren und leicht zerfallen lassen. Tomatensaft angießen, die Kräuter hinzufügen und alles mit Salz, Pfeffer und etwas Zucker abschmecken. Die Sauce mindestens 10 Min. sanft einköcheln lassen.

09. Die Pastete aus dem Ofen nehmen, in der Form etwas abkühlen lassen, dann auf eine Platte stürzen und in Scheiben schneiden. Dazu die Tomatensauce (oder etwas erwärmtes Olivenöl) servieren.

NUDELSALAT al gusto

01. Knoblauch schälen und fein hacken, Champignons trocken reiben, putzen und in feine Scheiben schneiden. Radicchio, Fenchel und Zucchini waschen und putzen, in mundgerechte Stücke schneiden. Chilischoten waschen, putzen, entkernen und fein hacken. Kräuter waschen, trocken schütteln, harte Stiele entsorgen, den Rest fein hacken.

02. Die Farfalle nach Packungsanweisung in sprudelnd kochendem Salzwasser al dente garen. Abgießen, nicht abschrecken, sondern mit Olivenöl und Kochwasser vermischen, sodass sie lauwarm bleiben, aber nicht kleben.

03. In einer Pfanne ohne Fett die Pinienkerne goldbraun rösten, Gemüse mit Radicchio in Olivenöl andünsten, mit Knoblauch und Chili würzen. Mit etwas Wasser ablöschen und darin 4–5 Min. garen. Zu den lauwarmen Nudeln geben, mit den Pinienkernen bestreuen.

04. Die Crème fraîche mit mindestens 3 EL Olivenöl sowie der Petersilie und der Zitronenmelisse verrühren und unter die Nudeln ziehen. Mit zerstoßenem schwarzen Pfeffer bestreut servieren.

→ **FÜR DIESEN SALAT GIBT ES KEINE GENAUEN MENGENANGABEN. BITTE NUR DIE MINDESTANGABEN BEACHTEN – ANSONSTEN ALLES NACH LUST UND LAUNE VERWENDEN.**

ZUTATEN

- Farfalle (Schmetterlingsnudeln) oder Fusilli (Spiralnudeln)
- 2 Knoblauchzehen (mind.)
- Champignons
- Radicchio
- Fenchel
- Zucchini
- 2 Chilischoten (mind.)
- Zitronenmelisse
- glatte Petersilie
- Olivenöl
- 50 g Pinienkerne (mind.)
- 150 g Crème fraîche (mind.)
- gemörserter schwarzer Pfeffer

TAGLIATELLE-
Grünkohl-Gratin

01. Die Tagliatelle nach Packungsanweisung in sprudelnd kochendem Salzwasser sehr bissfest garen (sie garen im Ofen nach). Abgießen und gründlich abtropfen lassen.

02. Grünkohl waschen und putzen, harte Strünke entfernen. In kochendem Wasser 5 Min. blanchieren, dann abgießen, eiskalt abschrecken, ausdrücken und grob hacken.

03. Die Birne waschen und putzen, längs halbieren, Kerngehäuse entfernen und ungeschält in Scheiben schneiden. Die Kräuterseitlinge sauber reiben und in dünne Scheiben schneiden, in Olivenöl 3–4 Min. anbraten. Mit Salz, Pfeffer und Zitronenabrieb würzen.

04. Den Backofen auf 180° (Ober-/Unterhitze) vorheizen. Die Auflaufform mit Olivenöl einfetten. Den Boden mit einem Drittel der Tagliatelle auslegen. Mit Käse bestreuen, mit Muskat und wenig Salz würzen und mit Brühe begießen. Jetzt die Hälfte des Grünkohls einschichten, wieder mit Käse bestreuen, mit Muskat und wenig Salz würzen und mit Brühe begießen. Dann folgt eine Schicht Tagliatelle, darauf Birnen und Seitlinge, dann wieder Grünkohl. Jede Schicht mit Käse bestreuen, mit Muskat und wenig Salz würzen und mit Brühe begießen. Zuletzt Tagliatelle einschichten, dann nochmals mit Käse bestreuen, mit Salz und Muskat würzen und als Schutz mit Olivenöl beträufeln. Im vorgeheizten Ofen (Mitte) 40 Min. backen.

05. Inzwischen für die Sauce die Chilischote waschen, von Strunk und Kernen befreien, fein hacken. Den Knoblauch schälen und fein hacken. Zucker unter Rühren in einer Sauteuse karamellisieren, mit Tomatensaft ablöschen, mit Essig, Chili, Olivenöl und nach Belieben mit Knoblauch abschmecken. Die Sauce separat zum Gratin servieren. Idealer Begleiter ist ein schwarzes Bier aus Hamburg.

→ **1 AUFLAUFFORM (CA. 30 X 20 CM)**

ZUTATEN

- 250 g Tagliatelle (Bandnudeln)
- Salz
- 500 g Grünkohl
- 1 große Birne
- 3 große Kräuterseitlinge
- Olivenöl
- gemörserter schwarzer Pfeffer
- abgeriebene Bio-Zitronenschale
- 500 ml Gemüsebrühe (mind.)
- 150 g fein geriebener Deichkäse
- Muskatnuss, frisch gerieben

FÜR DIE SAUCE

- 1 scharfe Chilischote
- 1 Knoblauchzehe (nach Belieben)
- 2 EL Zucker
- 500 ml Tomatensaft
- 2 EL Himbeeressig
- Olivenöl

Fenchel-Penne

→ **4–5 PERSONEN**

ZUTATEN 1 große Fenchelknolle mit Fenchelgrün | 6 mittelgroße weiße Champignons | 1 Schalotte | 1 Knoblauchzehe | 1 kleine Chilischote | 50 g Pinienkerne | 500 g Penne rigate (kurze Röhrennudeln) | Salz | 4 EL Olivenöl zum Andünsten | Zucker | 250 ml Gemüsebrühe | Schale und Saft von ½ Bio-Zitrone | 1 EL Fenchelsamen, im Mörser zerstoßen | 150 g Pecorino | gemörserter schwarzer Pfeffer

01. Die Fenchelknolle waschen und putzen, dann mitsamt dem Fenchelgrün in feine Streifen schneiden. Die Champignons mit einem feuchten Tuch sauber reiben und in Scheiben schneiden. Die Schalotte schälen und in feine Ringe schneiden. Knoblauchzehe andrücken, Chilischote waschen und putzen, anschließend fein hacken. Die Pinienkerne grob hacken.

02. Die Penne rigate nach Packungsanweisung in sprudelnd kochendem Salzwasser al dente garen.

03. In einer Pfanne ohne Fett die Pinienkerne goldbraun rösten. Herausnehmen und beiseitestellen. Olivenöl in der Pfanne erhitzen, Fenchel darin andünsten, mit Salz und Zucker würzen, alles vermengen. Schalotte, Champignons, Knoblauch und Chili dazugeben; mit Brühe ablöschen. Zitronensaft, -schale und Fenchelsamen dazugeben; 3–4 Min. köcheln lassen.
04. Die Nudeln abgießen und tropfnass in den Fenchelsud geben. Alles gut vermengen, sodass sich Sud und Nudeln verbinden. In eine große Schüssel geben, mit den Pinienkernen bestreuen und den Pecorino darüberreiben. Mithilfe von zwei Löffeln alles gut vermengen. Vor dem Servieren mit Olivenöl beträufeln und mit Pfeffer bestreuen.

Trofie mit sahniger Käsesauce und Kräutern

→ **2–3 PERSONEN**

ZUTATEN 250 g Trofie (gedrehte Nudeln aus Ligurien; alternativ: Fusilli oder Penne rigate) | Salz | 2 helle Stangen Staudensellerie (mit Grün) | 2 Frühlingszwiebeln | etwas frischer Rosmarin | etwas frischer Thymian | einige Stängel Petersilie | einige Stängel Basilikum | einige Stängel Kerbel | etwas frischer Bärlauch | 300 g Sahne | 100 g reifer Deichkäse (alternativ: Parmesan oder Pecorino) | gemörserter schwarzer Pfeffer | 4 EL Olivenöl

01. Die Nudeln nach Packungsanweisung in sprudelnd kochendem Salzwasser al dente garen.
02. Staudensellerie und Frühlingszwiebeln waschen und putzen, in Scheiben schneiden. Kräuter waschen und trocken schütteln. Rosmarinnadeln und Thymianblätter von den Zweigen zupfen und fein hacken. Die übrigen Kräuter von harten Stängeln befreien und in Stücke zupfen.
03. Die Sahne in einen Topf geben und auf die Hälfte einkochen lassen. Käse reiben und etwa die Hälfte davon zur Sauce geben. Mit Salz und Pfeffer abschmecken.
04. Die gegarten Nudeln abgießen und abtropfen lassen. In einer Pfanne Olivenöl erhitzen und die Nudeln darin anbraten. Mit der Käsesauce vermengen und die frischen Kräuter einrühren. Die Pasta auf Teller verteilen und mit dem übrigen Käse bestreuen.

ndr
Rainer

CANNELLONI mit Spinat-Ricotta-Füllung

→ **2–3 PERSONEN**

ZUTATEN

- 200 g frischer Blattspinat
- 2 Schalotten
- 2 Knoblauchzehen
- 400 g geschälte Tomaten (aus der Dose)
- Olivenöl
- 1 Prise Salz
- 1 Prise Zucker
- 250 g Ricotta
- gemörserter schwarzer Pfeffer
- 1 Prise frisch geriebene Muskatnuss
- 8 Cannelloni (große Röhrennudeln)
- 200 g Sahne
- 150 g Parmesan
- 1 Scheibe altbackenes Bauernbrot

FÜR DAS TOMATEN-CONCASSÉE

- 5 Tomaten
- 1 Prise Zucker
- 1 Prise Salz
- 1–2 EL Olivenöl

01. Den Backofen auf 180° (Ober-/Unterhitze) vorheizen. Den Spinat von dickeren Stielen befreien, gründlich waschen und grob hacken. Schalotten und Knoblauch schälen und fein würfeln. Die Dosentomaten abtropfen lassen, den Saft auffangen.

02. In einer Pfanne Olivenöl erhitzen, Knoblauch und Schalotten darin farblos anschwitzen. Nun nach und nach den Spinat hinzufügen und zusammenfallen lassen. Salzen und zuckern, vermengen. Den Spinat auskühlen lassen und mit dem Ricotta vermengen. Mit Salz, Pfeffer und Muskat abschmecken, die Masse in einen Spritzbeutel geben und die Cannelloni damit füllen.

03. Die Dosentomaten mit der Hälfte ihres Safts in einer Auflaufform verteilen. Mit einem Kartoffelstampfer oder einer Gabel zerdrücken.

04. In einem Topf die Sahne mit 100 g geriebenem Parmesan erhitzen. 10 Min. bei schwacher Hitze etwas einköcheln lassen; dabei ständig rühren, damit der Käse nicht ansetzt.

05. Die gefüllten Cannelloni auf die Tomaten setzen und mit der Käsesauce übergießen; diese muss die Cannelloni ganz bedecken und darf auch an den Rand und in die Tomaten laufen. Den restlichen fein geriebenen Parmesan darüberstreuen, dann alles mit Olivenöl beträufeln. Die Cannelloni mindestens 20 Min. im vorgeheizten Ofen garen und gleichzeitig überbacken.

06. Für das Tomaten-Concassée die Tomaten in feine Würfel schneiden und mit etwas Zucker, Salz und Olivenöl vermengen. Mindestens 10 Min. durchziehen lassen.

07. Inzwischen die Brotscheibe in größere Stücke bröseln und ohne Fett in einer Pfanne rösten. Die Cannelloni aus dem Ofen nehmen und auf Teller verteilen. Mit den Brotkrümeln bestreuen und das Tomaten-Concassée dazu servieren. Dazu passt ein Rotwein aus dem Barolo.

KRÄUTER-FUSILLI

4 PERSONEN

ZUTATEN

500 g Fusilli (Spiralnudeln)
1 mittelgroße Zucchini
Salz
Zucker
Olivenöl
1 Bund Petersilie
1 Topf Basilikum
2 EL zerzupfte Thymianblüten
1 Bund Rucola (nach Belieben)
1 rote Zwiebel
100 g tiefgekühlte grüne Erbsen
3 EL Paniermehl
125 g Butter
100 g Parmesan
gemörserter schwarzer Pfeffer

01. Zucchini waschen und putzen, in eine große Schüssel reiben, leicht mit Salz, Zucker und Olivenöl marinieren und mit den Händen geschmeidig kneten. Kräuter und Rucola waschen, trocken schütteln, harte Stängel entfernen. Grob zerkleinern und zu den Zucchini geben.

02. Die Fusilli nach Packungsanweisung in sprudelnd kochendem Salzwasser al dente garen. Die Zwiebel schälen und fein hobeln.

03. In einer großen beschichteten Pfanne ohne Fett das Paniermehl anrösten. Herausnehmen und beiseitestellen. In der Pfanne Butter zerlassen, Zwiebel und Erbsen darin 3 Min. dünsten und beiseitestellen.

04. Die gegarten Nudeln abgießen und feuchtnass zu den Zwiebeln in die Pfanne geben. Alles bei starker Hitze durchschwenken und auf die Kräuter-Zucchini-Mischung in die Schüssel geben. Paniermehl darüberstreuen, Parmesan darüberreiben und mit Pfeffer abschmecken. Alles gut durchmengen und servieren.

MEINE ERSTE PASTA
von Mutter Helga

→ **4–5 PERSONEN**

ZUTATEN

- 2 Zwiebeln
- 20 braune Champignons
- Olivenöl
- 600 g geschälte Tomaten mit Saft (aus der Dose)
- 70 g Tomatenmark
- 500 g Orecchiette (Öhrchennudeln)
- Salz
- Butter
- gemörserter schwarzer Pfeffer, Zucker
- 2 EL frisch gehackter Rosmarin

01. Die Zwiebeln schälen und in feine Würfel schneiden. Die Champignons sauber reiben, die Stiele entfernen. Die Zwiebeln in Olivenöl andünsten. Mit den Dosentomaten samt Saft ablöschen, die Tomaten mit einem Holzlöffel zerkleinern. Das Tomatenmark dazugeben und alles 10 Min. leise einköcheln lassen.

02. Inzwischen die Orecchiette nach Packungsanweisung in sprudelnd kochendem Salzwasser al dente garen, dabei immer wieder umrühren.

03. In einer zweiten Pfanne etwas Butter mit Olivenöl erhitzen, die Champignons darin braten. Mit Salz, Pfeffer und Zucker würzen.

04. Die gegarten Nudeln aus dem Wasser heben und mit den Champignons zur Sauce geben. Bei Bedarf mit etwas Kochwasser vermengen. Mit Rosmarin würzen und mit Olivenöl beträufeln.

Spaghettini mit Radicchio-Zwiebel-Sauce

→ **4–5 PERSONEN**

ZUTATEN 1 Staude Radicchio di Treviso (320–350 g) | 3 mittelgroße rote Zwiebeln | 1 scharfe Chilischote | 500 g Spaghettini oder Capellini (sehr feine Bandnudeln) | Salz | Olivenöl | 200 ml Fleisch- oder Gemüsebrühe | 200 ml Balsamicoessig | 200 ml Rotwein (Chianti) | 150 g Parmesan | gemörserter schwarzer Pfeffer

01. Für die Sauce Radicchio waschen und putzen, die Zwiebeln schälen und beides in feine Streifen schneiden. Die Chilischote waschen, putzen und fein hacken.

02. Die Nudeln nach Packungsanweisung in sprudelnd kochendem Salzwasser al dente garen.

03. In einer Pfanne Olivenöl erhitzen, Radicchio und Zwiebeln darin leicht andünsten. Mit Brühe, Balsamicoessig und Rotwein ablöschen, mit etwas Salz würzen. Zum Kochen bringen, dann gut 10 Min. einköcheln lassen. Mit Chili würzen, dann die Hälfte davon mit einem Stabmixer pürieren.

04. Die gegarten Nudeln abgießen und mit der pürierten zur unpürierten Sauce in die Pfanne geben. Alles gut vermengen und mit Salz, Olivenöl und Chili abschmecken. Den Parmesan in feinen Spänen darüberhobeln. Die Nudeln auf Teller verteilen, mit Pfeffer bestreuen und feinsten Rotwein aus Italien dazu genießen. Salute!

Sherry-Capellini

→ **4 PERSONEN**

ZUTATEN ½ Gurke | 1 große Zucchini | 1 Bund Frühlingszwiebeln | 2 ungeschälte Knoblauchzehen | 500 g Capellini (sehr feine Bandnudeln) | Salz | 400 ml trockener Sherry (Manzanilla oder Fino) | 1,5 l Brühe | 8 kleine Kirschtomaten | 1 Bund Petersilie | gemörserter schwarzer Pfeffer | 2 EL Butter | Parmesan, frisch gerieben | Olivenöl

01. Gurke und Zucchini waschen und putzen, längs vierteln. Mit einem Löffel von den Kernen befreien und in Streifen schneiden. Frühlingszwiebeln waschen und putzen, das dunkle Grün entfernen und anderweitig verwenden. Den Rest ebenfalls in Streifen schneiden. Den ungeschälten Knoblauch andrücken, sodass die Schale aufplatzt.

02. Die Capellini nach Packungsanweisung in sprudelnd kochendem Salzwasser al dente garen.

03. Den Sherry in einem großen Topf erhitzen und um die Hälfte einkochen lassen. Mit der Brühe aufgießen. Das vorbereitete Gemüse sowie die Knoblauchzehe in diesen Sud geben und in 6–7 Min. ganz leise gar ziehen lassen.

04. Inzwischen die Tomaten waschen und vom Strunk befreien, klein schneiden. Petersilie waschen, trocken schütteln, von harten Stängeln befreien. Fein hacken.

05. Die Nudeln abgießen und leicht feucht in den Sud geben. Kräftig mit Salz und Pfeffer würzen. Tomaten und Petersilie dazugeben.

06. Vor dem Servieren die Butter dazugeben und schmelzen lassen, alles gut vermengen. Auf tiefe Teller verteilen, mit Parmesan bestreuen und mit Olivenöl beträufeln.

SPAGHETTI mit Gemüsebolognese

→ **4–6 PERSONEN**

ZUTATEN

- 2 Knoblauchzehen
- 2 rote Zwiebeln
- 3 große Tomaten
- 2 Möhren
- 2 Zucchini
- 1 gelbe und 1 rote Paprikaschote
- 2 Stangen Staudensellerie
- 1 Fenchelknolle
- 6 eingelegte getrocknete Tomaten
- 1 Zweig Rosmarin
- 2–3 Stängel Basilikum
- 3–4 Zweige Thymian
- ½ Bund Petersilie
- Olivenöl
- Salz
- gemörserter schwarzer Pfeffer
- 1 Prise Zucker
- Chilipulver oder Cayennepfeffer (nach Belieben)
- 500 g Spaghetti
- Gemüsebrühe (nach Belieben)
- Zitronensaft
- 1 Stück Parmesan

01. Knoblauch und Zwiebeln schälen und fein würfeln. Die frischen Tomaten überbrühen, enthäuten und grob hacken. Alle anderen Gemüsesorten waschen und putzen bzw. schälen, dann in feine Würfel oder Streifen schneiden. Die getrockneten Tomaten abtropfen lassen und in Scheiben schneiden. Die Kräuter mit Küchengarn zusammenbinden.

02. In einem Schmortopf Olivenöl erhitzen, Zwiebeln und Knoblauch darin farblos anschwitzen. Zwei Drittel des Gemüses mit dem Kräutersträußchen hinzufügen und leicht rösten. Die frischen und getrockneten Tomaten dazugeben, alles gut verrühren. Mit Salz, Pfeffer und Zucker abschmecken. Wer mag, kann zusätzlich mit Chilipulver oder Cayennepfeffer würzen.

03. Die Spaghetti nach Packungsanweisung in sprudelnd kochendem Salzwasser al dente garen.

04. Das Gemüse bei mittlerer Hitze 20 Min. schmoren. Eventuell noch etwas Brühe oder Wasser zugießen; die Gemüsebolognese sollte aber eine sämige Konsistenz haben und nicht zu flüssig sein. Nun das restliche Gemüse in den Topf geben und verrühren. Alles nochmals 5 Min. köcheln lassen, sodass die Bolognese zum Teil aus weich gegarten und knackigen Gemüsewürfeln besteht. Mit Salz, Pfeffer und etwas Zitronensaft abschmecken. Das Kräutersträußchen herausnehmen.

05. Gegarte Nudeln abgießen und abtropfen lassen. Entweder auf Teller verteilen und die Bolognese darüberschöpfen oder die gesamten Spaghetti gleich mit der Bolognese vermengen. Am Tisch reichlich Parmesan darüberreiben.

HENDRIK BURFEINDT,
super Eierlieferant

»Penne rigate in Sahnesauce mit Käse und Champignons«

WINZERFAMILIE JOHNER,
langjährige Freunde aus Baden

»Am liebsten alle Nudeln von Mutter Irene«

MARIO DELLA NEGRA,
über 30 Jahre mal 365 Tage:
Nudelfreund

»Spaghetti mit Butter und Parmesan – natürlich ohne Löffel!«

JOHANNES KING,
Zweisternebrutzler im Sylter Wüstensand

»Tagliatelle mit weißer Trüffel in leichter Sahnesauce«

CANNELLONI
mit Kürbisfüllung

→ **4 PERSONEN**

ZUTATEN

- 500 g Hokkaido-Kürbis
- 1 mehligkochende Kartoffel
- 1 Bio-Orange
- 1 Bio-Zitrone
- 1 Chilischote
- 1 Knoblauchzehe
- Olivenöl
- 1 Tasse Wasser
- Kräuter der Provence
- Salz
- Zucker
- 12 Cannelloni (große Röhrennudeln)
- 2 EL geriebener Parmesan (alternativ: Bergkäse), zum Überbacken

FÜR DIE SAUCE

- 200 ml Milch
- 200 g Sahne
- 100 ml Weißwein
- 1 EL Butter
- 2 EL geriebener Parmesan (alternativ: Bergkäse)
- Salz
- Muskatnuss, frisch gerieben
- Zucker

FÜR DIE MARINIERTEN TOMATEN

- 4 Tomaten
- 1 Zweig Rosmarin
- 1 Knoblauchzehe
- Olivenöl
- Salz
- Zucker

01. Kürbis waschen, putzen, halbieren und entkernen, mitsamt der Schale in grobe Würfel schneiden. Die Kartoffel schälen und würfeln. Die Zitrusfrüchte heiß abwaschen und die Schale dünn abreiben, die Orange auspressen. Chilischote waschen, putzen und entkernen, Knoblauch schälen. Beide fein hacken.

02. Olivenöl in einer Pfanne erhitzen und die Kürbisstücke darin farblos anschwitzen. Die vorbereiteten Zutaten hinzufügen und etwas Wasser angießen. Mit Kräutern der Provence, Salz und etwas Zucker würzen und 10–15 Min. schmoren. In einem Standmixer oder mit einem Pürierstab nicht zu fein pürieren.

03. Den Backofen auf 180° (Ober-/Unterhitze) vorheizen. Die Masse etwas abkühlen lassen, dann mithilfe eines Spritzbeutels die Cannelloni damit füllen. Eine Auflaufform mit Olivenöl leicht einfetten und die Cannelloni hineinlegen.

04. Für die Sauce Milch, Sahne und Weißwein in einen Topf geben und etwas einkochen lassen. Butter und Käse darin unter Rühren schmelzen. Die Sauce mit Salz und Muskat abschmecken, dann über und um die Cannelloni gießen; die Pasta sollte bis etwa zur Hälfte bedeckt sein. Cannelloni mit Käse bestreuen und mit Olivenöl beträufeln. 40 Min. im vorgeheizten Backofen (Mitte) garen.

05. Inzwischen für die marinierten Tomaten die Tomaten waschen, entkernen und würfeln. Rosmarin waschen und die Nadeln abzupfen, den Knoblauch schälen, beides fein hacken. Alles in einer passenden Schale mit Salz und Zucker würzen, mit Olivenöl vermengen. Mindestens 30 Min. durchziehen lassen.

06. Die Cannelloni mit Sauce und den marinierten Tomaten servieren.

TAGLIATELLE
aus dem Käselaib

→ **4 PERSONEN**

ZUTATEN

- 400 g Tagliatelle (Bandnudeln)
- Salz
- 200 g reifer Deichkäse (alternativ: Parmesan oder Pecorino)
- 1 Knoblauchzehe
- Olivenöl
- 1 EL Butter
- 10 Salbeiblätter
- 200 g Sahne
- gemörserter schwarzer Pfeffer

01. Die Tagliatelle nach Packungsanweisung in sprudelnd kochendem Salzwasser al dente garen.

02. Inzwischen den Käse reiben, den Knoblauch schälen und fein würfeln.

03. In einer großen Pfanne Olivenöl und Butter erhitzen und die Salbeiblätter darin leicht anbraten. Die Sahne dazugeben und aufkochen.

04. Die gegarte Pasta abgießen und abtropfen lassen, dann mit der Sahnesauce vermengen. Zum Schluss den Käse unterheben und die Pasta mit Salz und Pfeffer abschmecken.

05. Alternativ kann man die Pasta auch in einem ausgehöhlten Käselaib zubereiten. Dafür die Innenfläche des Käselaibs mit einem Bunsenbrenner schmelzen. Dann die Pasta mit der Sahne-Salbei-Sauce hineingeben und mit dem flüssigen Käse vermengen.

PENNE RIGATE
mit Kräuterseitlingen

→ **3–4 PERSONEN**

ZUTATEN

500 g Kräuterseitlinge
3 Frühlingszwiebeln
2 Stangen Staudensellerie (helle Stangen aus der Mitte)
1 rote Zwiebel
1 Knoblauchzehe
1 Bund Petersilie
400 g Penne rigate (kurze Röhrennudeln)
Salz
Butterschmalz
Olivenöl
100 ml trockener Weißwein
200 ml Gemüsebrühe
1 EL Butter
gemörserter schwarzer Pfeffer
100 g Parmesan, frisch gerieben

01. Kräuterseitlinge sauber abreiben und putzen; angetrocknete Stiele entfernen. Frühlingszwiebeln und Staudensellerie waschen und putzen, in feine Ringe bzw. in Stücke schneiden. Rote Zwiebel und Knoblauch schälen und sehr fein würfeln. Die Petersilie waschen, trocken schütteln und hacken.

02. Die Penne rigate nach Packungsanweisung in sprudelnd kochendem Salzwasser al dente garen.

03. Inzwischen in einer Pfanne Butterschmalz und etwas Olivenöl erhitzen, die Kräuterseitlinge darin 1–2 Min. anbraten. Zwiebeln und Knoblauch hinzufügen und mit den Pilzen vermengen. Wein, Brühe und Butter in die Pfanne geben und verrühren. Die Sauce etwa 10 Min. leicht köcheln lassen, mit Pfeffer und Salz abschmecken.

04. Die Pasta abgießen und abtropfen lassen, mit der Petersilie zu den Kräuterseitlingen in die Pfanne geben. Alles gut vermengen. Zum Schluss den Parmesan über die Pasta streuen.

PASTA Asian style

→ **4–5 PERSONEN**

ZUTATEN

- 1 rote Paprikaschote
- 4 Stangen Staudensellerie
- 2 Möhren
- 2 Stangen Lauch, nur das Weiße
- ½ Chinakohl
- 10 Brokkoliröschen
- 10 Champions (alternativ: Shiitake-Pilze)
- 1 walnussgroßes Stück Ingwer
- 2 Knoblauchzehen (alternativ: das Grüne vom frischen Knoblauch)
- ½ scharfe Chilischote
- 2 l Gemüsebrühe
- 500 g Linguine (feine Bandnudeln)
- Traubenkern- oder Sonnenblumenöl, zum Braten
- Zucker
- Sojasauce
- süße Sojasauce
- Sambal Oelek

01. Das Gemüse waschen und putzen bzw. schälen und entkernen, Pilze sauber reiben. Alles in feine Streifen schneiden. Brokkoliröschen halbieren. Ingwer, Knoblauch und Chili klein hacken.

02. Die Gemüsebrühe zum Kochen bringen, die Linguine darin nach Packungsanweisung al dente garen. Aus der Brühe heben und tropfnass in eine Schüssel geben.

03. Gemüse im Öl anbraten und leicht zuckern. Champions, Chili, Ingwer und Knoblauch dazugeben. Alles immer schnell verrühren. Dann mit den beiden Sojasaucen und Sambal Oelek würzen. Etwas Brühe angießen.

04. In einer Pfanne nochmals Öl erhitzen, die Nudeln darin bei starker Hitze kräftig braten, dabei leicht zuckern. Alles in einer großen Schüssel vermengen und servieren.

Gefüllte Conchiglioni mit Grünkohl

→ **4–5 PERSONEN**

ZUTATEN 25 Stück Conchiglioni (Muschelnudeln) | Salz | 1 kg frischer Grünkohl | 2 EL Olivenöl | 300 g Crème fraîche | 2 Schalotten, fein gehackt | 1 Knoblauchzehe, fein gehackt | 2 Eigelbe, verquirlt | Muskatnuss, frisch gerieben | gemörserter schwarzer Pfeffer | 100 g Parmesan, frisch gerieben | 6 große Tomaten | Zucker

01. Die Conchiglioni nach Packungsanweisung in sprudelnd kochendem Salzwasser al dente garen.
02. Den Grünkohl waschen und putzen, von den Strünken befreien und zerzupfen. In kochendem Salzwasser 3–4 Min. blanchieren, dann abschrecken, ausdrücken und fein hacken. In etwas Olivenöl andünsten. Beiseitestellen.
03. Schalotten und Knoblauch schälen und klein schneiden, in Olivenöl andünsten. Crème fraîche einrühren. Von der Hitze nehmen und die Eigelbe unter die Masse ziehen. Mit Muskat, Salz und Pfeffer abschmecken.

04. Backofen auf 180° (Ober-/Unterhitze) vorheizen, Grill zuschalten.
05. Gegarte Nudeln abgießen und abtropfen lassen. Mit dem Grünkohl füllen und der Crème-fraîche-Sauce übergießen. Parmesan darüberstreuen und mit etwas Olivenöl beträufeln. Im vorgeheizten Backofen (oben) 8–12 Min. überbacken, bis die Füllung in der Pasta stockt.
06. Inzwischen die Tomaten waschen und vom Strunk befreien, in mundgerechte Stücke schneiden und in einer beschichteten Pfanne in Olivenöl bei starker Hitze braten. Mit Salz, Pfeffer und Zucker würzen, mit den fertigen Conchiglioni servieren – Grünkohl einmal anders!

Gefüllte Conchiglioni mit Kartoffeln

→ **4–5 PERSONEN**

ZUTATEN 30 Stück Conchiglioni (Muschelnudeln) | Salz | 5 mittelgroße mehligkochende Kartoffeln | 5 Knoblauchzehen | 1 Bund Bohnenkraut | 250 g Sahne | 100 g Butter | Muskatnuss, frisch gerieben | gemörserter schwarzer Pfeffer | 100 g Parmesan, frisch gerieben | 3 EL Paniermehl | Olivenöl

01. Die Conchiglioni nach Packungsanweisung in sprudelnd kochendem Salzwasser al dente garen.
02. Kartoffeln schälen; in einem Topf mit dem ungeschälten Knoblauch in Salzwasser weich kochen. Einige Stängel Bohnenkraut beiseitelegen, den Rest hacken. Den Backofen auf 180° (Ober-/Unterhitze) vorheizen.
03. Gegarte Nudeln abgießen und gut abtropfen lassen. Gegarte Kartoffeln ebenfalls abgießen und abtropfen lassen, Knoblauch schälen.
04. Die Sahne erhitzen und die Butter zerlassen. Mit dem Bohnenkraut, Kartoffeln und Knoblauch zu einem glatten Püree verarbeiten. Mit Muskat, Salz und Pfeffer würzen.
05. Die Nudeln mit der Masse füllen und in eine Auflaufform geben. Mit geriebenem Parmesan und Paniermehl bestreuen, leicht mit Olivenöl benetzen und 5–7 Min. im vorgeheizten Backofen (Mitte) gratinieren.
06. Auf Teller verteilen, mit Bohnenkraut garnieren, je 1 Prise Muskat und etwas Olivenöl darübergeben. Dazu schmeckt ein Chianti wunderbar.

SCHLOSSBERG
2008
Blauer

TAGLIATELLE
mit Spinat und Ricotta

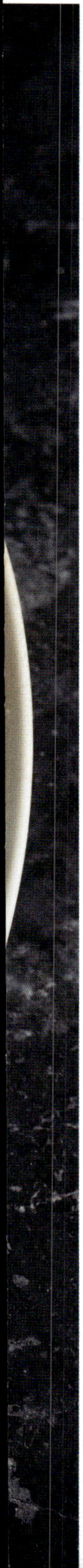

→ **4-5 PERSONEN**

ZUTATEN

1 kg	frischer Blattspinat
10	Kirschtomaten, ohne Strunk, gehackt
500 g	Tagliatelle (Bandnudeln)
	Salz
3	Knoblauchzehen
	Olivenöl
200 ml	Brühe
	gemörserter schwarzer Pfeffer
2 EL	Ricotta
	Schale und Saft von 1 Bio-Zitrone
	Essigwasser (auf 1 Liter Wasser 2 EL Essig)
	Eier (1 Ei pro Person)

01. Vom Spinat harte Blattrippen entfernen. Die Blätter reinigen, dann mit einem Küchentuch trocknen und in mundgerechte Stücke schneiden. Tomaten waschen, von den Strünken befreien und grob zerkleinern.

02. Die Tagliatelle nach Packungsanweisung in sprudelnd kochendem Salzwasser al dente garen.

03. Knoblauch schälen und hacken, in Olivenöl in einer großen Pfanne andünsten. Spinat dazugeben und zusammenfallen lassen. Mit Brühe ablöschen, salzen und pfeffern. Tomaten und den Ricotta untermengen (der Ricotta macht alles leicht sämig).

04. Die gegarten Nudeln abgießen und mit in die Pfanne geben, alles mit Zitronenschale und -saft würzen, eventuell erneut mit etwas Salz und Pfeffer abschmecken.

05. Für die pochierten Eier Essigwasser leicht aufkochen. Nacheinander die Eier aufschlagen und hineingleiten lassen; sie stocken sofort und sind nach 3-4 Min. perfekt pochiert.

06. Die Nudeln auf Teller verteilen und je 1 Ei in die Mitte setzen. Italienischen Weißwein dazu servieren – guten Appetit!

NUDELSUPPE

→ **3–4 PERSONEN**

ZUTATEN

- 200 g Gnocchetti (kleine geriffelte Nudeln aus Sardinien)
- Salz
- 1 Bund Frühlingszwiebeln
- Olivenöl, Zucker
- 2 Knoblauchzehen
- 1 scharfe Chilischote
- ½ Bund Petersilie
- 10 braune Champignons
- 10 weiße Champignons
- 10 mittelgroße Kräuterseitlinge
- 1 walnussgroßes Stück Ingwer, gerieben
- Essigwasser (auf 1 Liter Wasser 2 EL Essig)
- Eier (1 Ei pro Person)

FÜR DIE GEMÜSEBRÜHE

- 2 Zwiebeln
- ¼ Knolle Sellerie
- 3 Möhren
- 1 kleine Fenchelknolle
- ¼ Steckrübe
- 2 Stangen Lauch
- 1 rote Paprikaschote
- Grün der Frühlingszwiebeln
- 1 Kohlrabi
- 50 g Butter
- Salz
- Wasser

01. Für die Brühe Zwiebeln mit Schale halbieren und ohne Fett in einer Pfanne auf der Schnittfläche dunkel rösten. Alle Zutaten waschen und putzen, in grobe Stücke schneiden. Mit der Butter und den angeschwärzten Zwiebeln in einen großen Topf geben. Salzen und mit reichlich Wasser auffüllen. Aufkochen und 2 Std. köcheln lassen. Durch ein Sieb abseihen, die klare Brühe nochmals aufkochen.

02. Inzwischen den Backofen auf 200° (Ober-/Unterhitze) vorheizen.

03. Die Gnocchetti nach Packungsanweisung in sprudelnd kochendem Salzwasser al dente garen.

04. Die Frühlingszwiebeln waschen, putzen, grob schneiden und kurz in Olivenöl anbraten. Salzen und zuckern. Den Knoblauch schälen und in Scheiben schneiden. Die Chilischote waschen, putzen und fein hacken. Die Petersilie waschen, trocken schütteln und die Blätter abzupfen.

05. Die Pilze sauber reiben, putzen, in Stücke schneiden und mit Ingwer, Knoblauch und Chili kräftig würzen. Salzen und zuckern und in Olivenöl gar braten. Beiseitestellen und die Petersilienblätter darübergeben.

06. Für die pochierten Eier Essigwasser leicht aufkochen. Die Eier aufschlagen und hineingleiten lassen; sie stocken sofort und sind nach 3–4 Min. perfekt pochiert.

07. Die Nudeln abgießen und auf Portionsschalen verteilen. Frühlingszwiebeln, Pilze und den Eierstich dazugeben, die Schalen mit heißer Brühe aufgießen und schlürfend genießen.

Farfalle mit Brokkoli

→ **4–5 PERSONEN**

ZUTATEN 500 g Brokkoli | Salz | 500 g Farfalle (Schmetterlingsnudeln) | 2 Zwiebeln | 1 Bio-Zitrone | 50 g Pinienkerne | 150 g Ricotta | 250 ml Fleisch- oder Gemüsebrühe | Olivenöl | Muskatnuss, frisch gerieben | gemörserter schwarzer Pfeffer

01. Den Brokkoli in kleine Röschen teilen, putzen und in kochendem Salzwasser 3 Min. blanchieren. Dann mit einem Schaumlöffel aus dem Wasser heben, eiskalt abschrecken und auf Küchenpapier trocknen.
02. Das Brokkolikochwasser nochmals aufkochen, die Farfalle hineingeben und nach Packungsanweisung al dente garen.
03. Inzwischen die Zwiebeln schälen und fein hacken. Die Zitrone heiß abwaschen und trocknen, die Schale dünn abziehen. Dann die Zitrone halbieren und eine Hälfte auspressen.
04. In einer beschichteten Pfanne ohne Fett die Pinienkerne goldbraun rösten. Herausnehmen und beseitestellen. Olivenöl erhitzen, die Zwiebel

darin andünsten. Ricotta dazugeben und mit Brühe ablöschen; der Ricotta sollte sich leicht auflösen.

05. Die gegarten Nudeln abgießen und tropfnass mit dem Brokkoli in die Pfanne geben, alles gut vermengen. Mit Muskat, Pfeffer, Salz und Zitronenschale abschmecken. Mit Zitronensaft und etwas Olivenöl beträufeln. Auf einer großen Platte anrichten, guten Rotwein auf den Tisch stellen – wohl bekomm's.

Farfalle mit Erbsen und Sahne

→ **4–5 PERSONEN**

ZUTATEN 4 Fleischtomaten | 1 kg frische Erbsenschoten | Salz | 1 Bund Frühlingszwiebeln | 2 Möhren | 4 Stangen Staudensellerie | 4 Knoblauchzehen | 2 scharfe Chilischoten | 500 g Farfalle (Schmetterlingsnudeln) | Olivenöl | gemörserter schwarzer Pfeffer, Zucker | 250 g Sahne | 250 ml Weißwein | 250 g Parmesan, frisch gerieben | 2 EL Butter

01. Die Tomaten überbrühen, enthäuten, vierteln, von Strunk und Kernen befreien und in Streifen schneiden. Die Erbsen aus den Schoten lösen und in Salzwasser in 5–6 Min. garen. Frühlingszwiebeln, Möhren und Staudensellerie waschen und putzen, in Scheiben schneiden. Knoblauch schälen, Chili waschen und putzen, beides fein schneiden.

02. Die Farfalle nach Packungsanweisung in sprudelnd kochendem Salzwasser al dente garen.

03. Vorbereitete Zutaten in Olivenöl andünsten, salzen, pfeffern und leicht zuckern, dann mit Sahne und Weißwein ablöschen. Alles leicht köcheln lassen, dann 80 g geriebenen Parmesan und die Erbsen dazugeben.

04. Nudeln abgießen, dabei 250 ml Kochwasser auffangen und mit den tropfnassen Nudeln in den Sud geben. Erneut abschmecken.

05. Die Tomaten mit dem Sud und der Butter zu den Nudeln geben, dann frisches Olivenöl zugießen. Anschließend die Pasta auf einer großen Platte anrichten. Mit etwas Parmesan bestreuen und den restlichen Käse separat dazu servieren.

NUDELAUFLAUF

→ 1 AUFLAUFFORM (40 X 25 X 7 CM)

ZUTATEN

500 g Penne rigate (kurze Röhrennudeln)
2 Zwiebeln
1 Spitzkohl (ca. 600 g)
1 Fenchelknolle mit Fenchelgrün
2 Möhren
Olivenöl
1 TL Cayennepfeffer
1 TL gemahlener Kreuzkümmel
Salz
20 schwarze Pfefferkörner, im Mörser zerstoßen
500 ml Milch
500 g Sahne
3 Eier
100 g Parmesan
3 Taler Ziegenfrischkäse
200 g Edamer, frisch gerieben

FÜR DIE TOMATENSAUCE

Wählen Sie die Mengen für die Sauce nach Ihrem Gusto:

Knoblauch
geschälte Tomaten (aus der Dose)
Tomatenmark
Chiliflocken
Olivenöl
Salz, Zucker, Pfeffer

01. Die Penne rigate nach Packungsanweisung in sprudelnd kochendem Salzwasser al dente garen.

02. Zwiebeln schälen und würfeln. Spitzkohl und Fenchel waschen und putzen, vierteln, vom Strunk befreien und in feine Streifen schneiden, das Fenchelgrün grob hacken. Möhren schälen und in feine Streifen schneiden. Alles in Olivenöl 5 Min. andünsten, bis der Spitzkohl zusammenfällt. Mit Cayennepfeffer, Kreuzkümmel, Salz und Pfeffer kräftig würzen.

03. Den Backofen auf 180° (Ober-/Unterhitze) vorheizen.

04. Die Nudeln abgießen und abschrecken, die Hälfte davon auf dem Boden der Auflaufform verteilen und leicht salzen. Die Gemüsemischung daraufschichten, dann die übrigen Nudeln darüber verteilen und leicht salzen. Milch, Sahne, Eier und Parmesan verquirlen und gleichmäßig über die Nudeln gießen, mit Olivenöl beträufeln. Im vorgeheizten Backofen (Mitte) 20 Min. backen.

05. Die Ziegenfrischkäsetaler in haselnussgroße Stücke zerteilen. Den Auflauf herausnehmen, mit dem Frischkäse und dem Edamer bestreuen. Etwas Olivenöl darüberträufeln und nochmals gut 20 Min. im Ofen überbacken.

06. Inzwischen für die Tomatensauce den Knoblauch schälen und mit den Dosentomaten, dem Tomatenmark, Chili und Olivenöl erhitzen. Alles mit Salz, Zucker und Pfeffer würzen und 20 Min. leicht einköcheln lassen. Es ist etwas Arbeit, aber es lohnt sich!

SCHARFE CAPELLINI
mit Feldsalat

01. Knoblauch und Zwiebeln schälen und fein würfeln. Staudensellerie und Frühlingszwiebeln waschen, putzen und in dünne Scheiben bzw. Ringe schneiden. Tomaten waschen, von Strunk und Kernen befreien und in Scheiben schneiden. Die Chilischoten ebenfalls waschen und putzen, in feine Streifen schneiden oder würfeln. (Menge und Schärfegrad der Chilischoten nach Geschmack wählen – die Pasta darf insgesamt eine ordentliche Schärfe haben. Wer mag, kann auch milde und scharfe Chilischoten kombinieren.)

02. In einer Pfanne mit hohem Rand Olivenöl erhitzen und darin Zwiebeln und Knoblauch farblos anschwitzen. Staudensellerie, Frühlingszwiebeln, Tomaten und Chili dazugeben, ebenfalls kurz anschwitzen. Das Tomatenmark unterrühren. Die Sauce mit Salz und etwas Zucker würzen, bei schwacher Hitze etwa 30 Min. einköcheln lassen.

03. Inzwischen den Feldsalat gründlich waschen, trocken schütteln und in Blätter zupfen. Die Zitrone heiß abwaschen und abtrocknen, die Schale abreiben. Die Zitrone halbieren, von einer Hälfte den Saft auspressen. Den Feldsalat in einer Schüssel mit Zitronenabrieb und -saft sowie etwas Olivenöl vermengen. Mindestens 10 Min. marinieren.

04. Die Capellini in wenigen Minuten in Salzwasser al dente garen; dabei mehrmals die Konsistenz prüfen. Abgießen und tropfnass in die Pfanne geben, gut mit der Sauce vermengen. Zum Schluss den marinierten Feldsalat unterheben.

05. Die Pasta auf einer Platte oder Tellern anrichten. Großzügig mit frisch geriebenem Käse bestreuen und mit etwas Olivenöl beträufeln. Mit einem Glas Chianti Classico genießen.

→ **2–3 PERSONEN**

ZUTATEN

3	Knoblauchzehen
2	Zwiebeln
2	Stangen Staudensellerie
1	Bund Frühlingszwiebeln
4	mittelgroße Tomaten (alternativ: 400 g geschälte Tomaten aus der Dose)
2	Chilischoten (nach Geschmack)
	Olivenöl
2 EL	Tomatenmark
	Salz
	Zucker
150 g	Feldsalat
1	Bio-Zitrone
300 g	Capellini (sehr feine Bandnudeln)
1	Stück reifer Husumer Deichkäse (12 Monate gereift; alternativ: Parmesan)

EIKO WACHHOLZ,
Produzent der casei media

»Ravioli mit Birnen und Speck gefüllt, in brauner Butter«

FRANK THIELE,
bester Käsehändler Deutschlands

»Bandnudelauflauf mit Erbsen und Käse«

DOTT. STEFANIA CANALI,
Lieblingswinzerin

»Pasta alla norma«

STEFFEN HENSSLER,
viele gute Gespräche mit Steffen – danke

»Spaghetti Meeresfrüchte – am liebsten von Rainer!«

Trofie mit Basilikumpesto

→ **4–5 PERSONEN**

ZUTATEN 500 g Trofie (gedrehte Nudeln) | Salz **FÜR DAS PESTO** 2 Bund Basilikum | ½ Bund glatte Petersilie | 4 Knoblauchzehen | 50 g Parmesan | 30 g Pinienkerne | 4 EL Olivenöl (mind.) | Salz | 1 TL frisch gepresster Zitronensaft | 1 Prise Zucker

01. Für das Pesto Basilikum und Petersilie waschen und trocken schütteln, die Blätter abzupfen und grob hacken. Knoblauch schälen und in kleine Würfel oder Scheiben schneiden. Den Parmesan fein reiben. Die Pinienkerne ohne Fett in einer Pfanne rösten.

02. Die Penne rigate nach Packungsanweisung in sprudelnd kochendem Salzwasser al dente garen.

03. Alle vorbereiteten Zutaten für das Pesto im Standmixer pürieren, bis eine cremige und leicht körnige Masse entsteht. Zum Schluss alles vorsichtig salzen und mit Zitronensaft und Zucker würzen, um die Schärfe des Knoblauchs zu mildern. (Da das Pesto mit der Pasta vermengt wird, darf es aber kräftig und würzig schmecken. Selbstverständlich kann man Geschmack und Konsistenz nach Belieben verändern, zum Beispiel durch einen höheren Anteil an Parmesan oder Olivenöl.)

04. Gegarte Nudeln abgießen und tropfnass in eine Schüssel geben, das Pesto zimmerwarm darunterrühren.

Penne rigate mit Bärlauch

→ **3–4 PERSONEN**

ZUTATEN 400 g Penne rigate (kurze Röhrennudeln) | Salz | gemörserter schwarzer Pfeffer | Olivenöl | 300 g frischer Bärlauch (nach Geschmack mehr) | 2 Schalotten | 2 Knoblauchzehen | 200 g Sahne | 200 ml trockener Weißwein (bevorzugt Riesling) | 250 ml Brühe | Salz | Schale und Saft von ½ Bio-Zitrone

01. Die Penne rigate nach Packungsanweisung in sprudelnd kochendem Salzwasser al dente garen. Abgießen, kalt abschrecken und in einer Schüssel mit schwarzem Pfeffer und Olivenöl vermengen. Abdecken und 30 Min. marinieren.

02. Bärlauch waschen, trocknen, von groben Stielen befreien und in feine Streifen schneiden. Schalotten und Knoblauch schälen, Schalotten fein hacken, Knoblauch durch die Presse drücken.

03. In einer Pfanne Olivenöl erhitzen, die Schalotten darin andünsten. Sofort mit Sahne, Wein und Brühe ablöschen – alles 4–5 Min. ohne Deckel einkochen lassen. Dann den Knoblauch und frischen Bärlauch dazugeben, mit Salz, Pfeffer sowie Zitronensaft und -schale abschmecken. Mit den marinierten Nudeln vermengen. Dazu schmeckt ein Chianti Classico.

PAPPARDELLE mit Lauchpesto

→ **4–5 PERSONEN**

ZUTATEN

500 g Pappardelle (breite Bandnudeln)
Salz
4 mittelgroße Stangen Lauch (nur das Weiße)
2 grüne Chilischoten (alternativ: rote Chilischoten)
50 g Pinienkerne
Olivenöl
500 ml Fleisch- oder Gemüsebrühe
gemörserter schwarzer Pfeffer
Muskatnuss, frisch gerieben
200 g Sahne
Parmesan, Pecorino oder alter Gouda (nach Belieben)

FÜR DAS PESTO

das Grüne von 2 Lauchstangen
Salz, gemörserter schwarzer Pfeffer
3–4 EL Olivenöl
1 Prise Zucker

01. Die Pappardelle nach Packungsanweisung in sprudelnd kochendem Salzwasser al dente garen.

02. Den Lauch putzen und gründlich waschen. Weißen und grünen Teil auseinanderschneiden, den grünen Teil beiseitelegen. Das Weiße der Länge nach halbieren und dann in sehr feine Streifen (etwa so fein wie die Nudeln) schneiden. Die Chilischoten waschen, halbieren, von Strunk und Kernen befreien und ebenfalls in Streifen schneiden.

03. In einer Pfanne ohne Fett die Pinienkerne rösten. Beiseitestellen. Olivenöl erhitzen, Lauch und Chili darin andünsten, mit Brühe ablöschen und mit Salz, Pfeffer und reichlich Muskat würzen. Die Sahne dazugießen und alles in 5 Min. gar köcheln lassen.

04. Für das Pesto das Grüne von 2 Lauchstangen 3 Min. in kochendem Salzwasser blanchieren, dann abschrecken, trocknen und im Standmixer mit Salz, Pfeffer, Olivenöl und Zucker pürieren.

05. Die gegarten Nudeln abgießen, in die Sauce geben, alles gut miteinander vermengen. Mit dem Pesto servieren und den Pinienkernen bestreuen. Wer mag, kann noch Käse frisch darüberreiben. Guten Appetit!

ORECCHIETTE im Glas

→ **2 PERSONEN**

ZUTATEN

250 g Orecchiette (Öhrchennudeln)
Salz
½ Fenchelknolle mit viel Grün (1 EL gehacktes Fenchelgrün)
2 Fleischtomaten
1 Frühlingszwiebel
1 EL gehackte glatte Petersilie

FÜR DIE MARINADE

150 g Vollmilch-Naturjoghurt
2 EL Mayonnaise
100 g Sahne
1 EL Obstessig (Apfel oder Birne)
2 EL Olivenöl
1 TL Zucker
1 TL Cayennepfeffer
1 TL Chilisauce (nach Belieben)
0,1 g Safranfäden, in 1 EL Wasser aufgelöst
Salz, gemörserter schwarzer Pfeffer

01. Die Orecchiette nach Packungsanweisung in sprudelnd kochendem Salzwasser al dente garen.

02. Für die Marinade alle Zutaten verrühren. Mit Salz und Pfeffer abschmecken.

03. Den Fenchel waschen und putzen, das Fenchelgrün fein hacken. Die halbe Fenchelknolle halbieren, den groben Strunk entfernen, den Fenchel in feine Streifen schneiden. Die Tomaten überbrühen, enthäuten, entkernen und würfeln. Die Frühlingszwiebel waschen, putzen und in feine Streifen schneiden. Alles mit der Petersilie in die Marinade einlegen, gut vermengen.

04. Die gegarten Orecchiette abgießen, ebenfalls in die Marinade geben und etwas durchziehen lassen. Dann in kleine Gläser füllen.

SPAGHETTI-MUFFINS mit Preiselbeer-Dip

01. Das Gemüse waschen und putzen. Frühlingszwiebeln in feine Streifen schneiden, Knoblauchknolle schälen und klein hacken. Spinat trocken schleudern und grob hacken. Fenchel vom Strunk befreien und in Streifen schneiden. Tomaten entkernen und das Fruchtfleisch würfeln.

02. In einer Pfanne Olivenöl erhitzen und darin zunächst Frühlingszwiebeln und Knoblauch farblos anschwitzen. Fenchel und Spinat hinzufügen und zusammenfallen lassen; dabei etwas zuckern, salzen und nach Geschmack mit Chiliflocken würzen. Die Tomaten zugeben, alles vermengen. Von der Hitze nehmen und abkühlen lassen.

03. Inzwischen den Käse reiben und vermischen; 1 EL beiseitelegen. Eier aufschlagen und in eine Schüssel geben, mit Sahne und dem geriebenen Käse verrühren. Leicht salzen und pfeffern.

04. Den Backofen auf 180° (Ober-/Unterhitze) vorheizen. Die Spaghettini nach Packungsanweisung in sprudelnd kochendem Salzwasser al dente garen. Die Mulden der Muffinform mit Butter ausstreichen und mit Paniermehl ausstreuen.

05. Gegarte Nudeln abgießen, abtropfen und etwas auskühlen lassen. Mit der Käsemasse und der Spinatmischung vermengen und portionsweise in die Mulden füllen. Die Oliven daraufsetzen. Abschließend den beiseitegelegten Käse darüberstreuen. Die Muffins im vorgeheizten Ofen (Mitte) in etwa 20 Min. goldbraun backen.

06. Inzwischen für den süßscharfen Dip die Konfitüre mit Ketchup und Olivenöl verrühren. Mit Chili und Salz abschmecken. Die Spaghetti-Muffins mit dem Dip servieren. Schmeckt auch als Fingerfood.

→ **1 MUFFINBLECH (MIT 12 MULDEN)**

ZUTATEN

- 2 Frühlingszwiebeln
- ½ junge Knoblauchknolle
- 300 g frischer Blattspinat
- ½ kleine Fenchelknolle
- 2 Tomaten
- Olivenöl
- Zucker
- Salz
- Chiliflocken (nach Belieben)
- 30 g junger Pecorino
- 30 g Parmesan
- 30 g Fontina (alternativ: Bergkäse)
- 2 Eier
- 3 EL Sahne
- gemörserter schwarzer Pfeffer
- 100 g Spaghettini (dünne Spaghetti)
- 2 EL Butter für die Form
- 2 EL Paniermehl für die Form
- einige kleine schwarze Oliven (ohne Stein)

FÜR DEN SÜSSSCHARFEN DIP

- 2 EL Johannisbeer- oder Preiselbeerkonfitüre
- 4 EL Ketchup
- 2 EL Olivenöl
- 1 TL Chiliflocken
- 1 Prise Salz

Penne rigate
mit Tomaten in Muskat-Sahne-Sauce

→ **2–3 PERSONEN**

ZUTATEN 300 g Penne rigate (kurze Röhrennudeln) | Salz | 4 Fleischtomaten | 1 Bund Basilikum | 250 g Sahne | 100 ml Weißwein (alternativ: Wasser, weißer Traubensaft) | Muskatnuss, frisch gerieben | 3 EL Olivenöl | gemörserter schwarzer Pfeffer | Parmesan, frisch gerieben

01. Die Penne rigate nach Packungsanweisung in sprudelnd kochendem Salzwasser al dente garen.

02. Die Tomaten überbrühen, enthäuten und entkernen, dann in Würfel schneiden. Basilikum waschen, trocken schütteln und die Blätter abzupfen.

03. In einer Pfanne Sahne und Wein, gegebenenfalls Wasser oder weißen Traubensaft, erhitzen und kräftig mit Muskat würzen. Olivenöl und

Tomaten dazugeben, alles salzen und pfeffern, die Basilikumblätter dazugeben.

04. Die gegarten Nudeln abgießen, mit der Sauce vermengen und mit Parmesan bestreuen. (Der Parmesan passt gut zum Muskataroma.)

Linguine mit Pfifferlingen

→ **4–5 PERSONEN**

ZUTATEN 2 Knoblauchzehen | 3 Stangen Staudensellerie | 1 rote Paprikaschote | 500 g geputzte Pfifferlinge, geviertelt oder halbiert | 5 Tomaten | 1 Chilischote (nach Belieben) | 500 g Linguine (feine Bandnudeln) | Salz | Olivenöl, zum Andünsten | Zucker | 1 EL Butter | 100 ml Brühe | 100 ml Weißwein | gemörserter schwarzer Pfeffer | 200 g saure Sahne

01. Den Knoblauch schälen, den Staudensellerie waschen und putzen. Die Paprikaschote waschen, Strunk und Kerne entfernen. Alles in feine Streifen schneiden. Die Pfifferlinge sauber abreiben, vierteln oder halbieren. Die Tomaten waschen, vom Strunk befreien und mitsamt Haut grob hacken. Gegebenenfalls die Chilischote waschen und putzen, fein hacken.

02. Die Linguine nach Packungsanweisung in sprudelnd kochendem Salzwasser al dente garen.

03. In einer großen Pfanne Olivenöl erhitzen und das vorbereitete Gemüse darin andünsten. Pfifferlinge dazugeben, salzen und leicht zuckern. Die Tomaten mit der Butter zugeben, dann mit Brühe und Wein ablöschen. Mit Pfeffer und gegebenenfalls Chilischote kräftig würzen, 10 Min. köcheln lassen.

04. Die gegarten Linguine abgießen, die saure Sahne darunterrühren und schmelzen lassen, dann alles zur Sauce in die Pfanne geben. Gut vermengen und servieren.

Pasta & Fleisch

Pappardelle mit Lammhack und Auberginen

→ **4–6 PERSONEN**

ZUTATEN 1 mittelgroße Aubergine, in Würfel | 4 Tomaten | 3 Knoblauchzehen | 1 Zwiebel | 5 Sardellenfilets | 500 g Pappardelle (breite Bandnudeln) | Salz | Olivenöl | 500 g Lammhackfleisch | 1 EL Kapern, abgetropft | 400 ml Brühe | 1 EL gehackter frischer Rosmarin und Thymian

01. Aubergine und Tomaten waschen, trocknen und vom Strunk befreien. Aubergine würfeln, Tomaten grob hacken. Knoblauch und Zwiebel schälen und fein würfeln. Sardellen ebenfalls grob hacken.
02. Die Pappardelle nach Packungsanweisung in sprudelnd kochendem Salzwasser al dente garen.
03. In einer großen Pfanne Olivenöl erhitzen, die Auberginenwürfel darin anbraten. Das Lammhack dazugeben, alles gut vermengen. Zwiebeln, Knoblauch, Sardellen und Kapern unterrühren, in der Pfanne bewegen. Mit Brühe ablöschen und vorsichtig mit Salz abschmecken.

04. Die gegarten Nudeln abgießen und zusammen mit den gehackten Kräutern in die Pfanne geben, alles gut vermengen. Bei Bedarf noch etwas Brühe nachgießen, damit alles schön saftig ist.

Gratinierte Nudeln

→ **4–5 PERSONEN**

ZUTATEN ½ mittelgroßer Spitzkohl | ½ mittelgroße Steckrübe | 1 Aubergine | 1 Fenchelknolle | 2 Möhren | 5 Knoblauchzehen, gehackt | 1 Bund Petersilie | 2 Kugeln Mozzarella | 4 Fleischtomaten | 200 g Kalbsbrät | 500 g Penne rigate (kurze Röhrennudeln) | Salz | Olivenöl | gemörserter schwarzer Pfeffer | Zucker | 1 l Fleisch- oder Gemüsebrühe

01. Das Gemüse waschen und putzen, Spitzkohl und Steckrübe in Streifen, Aubergine in Stücke, Fenchel und Möhren in Scheiben schneiden. Knoblauch schälen und hacken. Petersilie waschen, trocken schütteln und hacken. Mozzarella in kleine Stücke zerzupfen. Die Tomaten waschen, von Stielansatz und Kernen befreien, das Fruchtfleisch grob zerkleinern. Aus dem Kalbsbrät kleine Kugeln formen.
02. Die Penne rigate nach Packungsanweisung in sprudelnd kochendem Salzwasser al dente garen. Den Backofengrill auf 180° vorheizen.
03. In einer Pfanne Olivenöl erhitzen, das Kalbsbrät darin anbräunen. Herausnehmen und beiseitestellen. Die Pfanne mit einem Küchentuch auswischen, erneut Olivenöl erhitzen und das Gemüse darin andünsten, mit Salz, Pfeffer und etwas Zucker würzen. Knoblauch dazugeben und mit einem Großteil der Brühe ablöschen. Alles in 8 Min. gar köcheln lassen, sodass der Kohl zusammenfällt, aber das Gemüse noch knackig ist. Bei Bedarf Brühe nachgießen (der Auflauf sollte saftig sein).
04. Die Nudeln abgießen. Den Boden einer Auflaufform mit einer Schicht tropfnasser Nudeln bedecken, darauf die Gemüsemischung verteilen. Petersilie, Tomaten und das Kalbsbrät locker darüberstreuen, dann wieder Nudeln und anschließend Mozzarella daraufschichten. Alles mit Olivenöl beträufeln und im vorgeheizten Ofen 5–10 Min. grillen, bis der Mozzarella zerläuft. Eine leckere und rustikale herbstliche Köstlichkeit.

ndr
Rainer Sass

Orecchiette mit Salami-Zucchini-Sauce

→ **4 PERSONEN**

ZUTATEN 1 Zwiebel | 2 mittelgroße Zucchini | 200 g Salami (am Stück) | ½ Brokkoli | 500 g Orecchiette (Öhrchennudeln) | Salz | 3 EL Olivenöl | 200 ml Brühe | 20 schwarze Pfefferkörner, im Mörser zerstoßen | 100 g Butter | Parmesan, frisch gerieben

01. Die Zwiebel schälen und fein hacken. Die Zucchini waschen, putzen, längs halbieren und anschließend mit einem Löffel die Kerne entfernen. Zucchini und Salami in etwa gleich große feine Streifen schneiden. Dann den Brokkoli in kleine Röschen teilen und putzen.

02. Die Orecchiette nach Packungsanweisung in sprudelnd kochendem Salzwasser al dente garen.

03. In einer Pfanne Olivenöl erhitzen, Zwiebel, Salami, Zucchini und Brokkoli darin andünsten. Mit Brühe aufgießen, salzen und pfeffern und in 4–5 Min. gar ziehen lassen.

04. Nudeln abgießen und tropfnass in eine Schüssel geben, Butter in Flöckchen darüber verteilen und schmelzen, alles gut vermengen. Mit grobem Pfeffer würzen.

05. Auf Teller verteilen, Salami-Zucchini-Sauce darüberschöpfen, mit Parmesan bestreuen und sich des Lebens freuen.

Pici mit Salami-Tomaten-Sugo

→ **4–5 PERSONEN**

ZUTATEN 500 g Pici (dicke Spaghetti aus der Toskana) | Salz **FÜR DEN SUGO** 1 Bund Frühlingszwiebeln | 2 Knoblauchzehen | 1 Chilischote | 150 g Wildschweinsalami (alternativ: normale Salami), in Würfel | 2 EL Olivenöl | Salz, Zucker, gemörserter schwarzer Pfeffer | 800 g geschälte Tomaten (aus der Dose) | 100 ml Tomatensaft | 1 EL Tomatenmark | 150 g Parmesan

01. Die Pici nach Packungsanweisung in sprudelnd kochendem Salzwasser al dente garen.

02. Für den Sugo die Frühlingszwiebeln waschen, putzen und in Streifen schneiden. Den Knoblauch schälen und fein hacken. Die Chilischote waschen, putzen und ebenfalls fein hacken. Die Salami in kleine Würfel schneiden.

03. In einer Pfanne Olivenöl erhitzen, Frühlingszwiebeln und Salamiwürfel darin anbraten. Knoblauch, Chili, Salz, Zucker und Pfeffer dazugeben, dann mit Dosentomaten, Tomatensaft und Tomatenmark ablöschen. Alles 15 Min. köcheln lassen. Die Dosentomaten mit einem Kartoffelstampfer zerdrücken.

04. Die Nudeln abgießen und tropfnass mit dem Sugo vermengen. Vor dem Servieren den Parmesan in Spänen über die Nudeln hobeln.

TAGLIATELLE
auf Hähnchenkeulen

→ **2–4 PERSONEN**

ZUTATEN

4 Hähnchenkeulen
Salz
gemörserter schwarzer Pfeffer
3 Schalotten
1 Knoblauchzehe
2 Möhren
3 Stängel Petersilie
1 Bio-Zitrone
Traubenkernöl
300 g Tagliatelle (Bandnudeln)
3 frische Lorbeerblätter
750 ml Fleischbrühe
250 g Sahne
200 ml Weißwein (bevorzugt deutscher Riesling)
Olivenöl

01. Die Hähnchenkeulen salzen und pfeffern.

02. Schalotten schälen und fein hacken, die ungeschälte Knoblauchzehe andrücken, sodass die Schale aufplatzt. Möhren schälen und in dicke Scheiben schneiden. Petersilie waschen, trocken schütteln, harte Stiele entfernen, den Rest hacken. Die Schale der Zitrone fein abreiben.

03. In einem Bräter oder einer Bratpfanne mit Deckel Traubenkernöl erhitzen, die Hähnchenkeulen darin von allen Seiten anbraten.

04. Die Tagliatelle nach Packungsanweisung in sprudelnd kochendem Salzwasser al dente garen.

05. Schalotten und Knoblauch mit dem Lorbeer zum Fleisch geben. Mit Brühe, Sahne und Wein ablöschen, alles gut vermengen und in etwa 1,5 Std. bei schwächster Hitze gar köcheln lassen; in den letzten 30 Min. den Deckel abnehmen, damit die Sauce eine sämige Konsistenz bekommt. Das Fleisch muss sich leicht vom Knochen lösen lassen.

06. Dann die Nudeln abgießen und abtropfen lassen.

07. Das Fleisch herausnehmen, auslösen und wieder in die Sauce geben. Diese mit abgeriebener Zitronenschale, Salz und Pfeffer abschmecken. Die Nudeln zum Fleisch in den Brattopf geben. Alles gut vermengen, 1 Spritzer Olivenöl darübergeben und nach Belieben mit Petersilie bestreuen. Lecker!

SPAGHETTI mit Gorgonzola-sauce und Lammfilet

→ **4 PERSONEN**

ZUTATEN

300 g	Spaghetti
	Salz
2 EL	Olivenöl
200 g	Gorgonzola
200 g	Sahne
200 ml	Milch (alternativ: Gemüsebrühe)
1	Knoblauchzehe
	Muskatnuss, frisch gerieben
8	Lammfilets
2 EL	gehackter frischer Salbei
	gemörserter schwarzer Pfeffer

01. Die Spaghetti nach Packungsanweisung in sprudelnd kochendem Salzwasser garen, dabei immer wieder umrühren.

02. Das Olivenöl in einer großen Pfanne erhitzen. Den Gorgonzola von der Rinde befreien und grob ins Olivenöl hineinbröckeln. Mit Sahne und Milch, gegebenenfalls mit Gemüsebrühe, ablöschen und unter ständigem Rühren bei mittlerer Hitze den Käse schmelzen. Dann den Knoblauch schälen und klein schneiden. Mit dem Muskat in die Sauce geben, alles 3–4 Min. einköcheln lassen.

03. Die Spaghetti abgießen und feuchtnass zur Sauce geben, alles vermengen, sodass sich Sauce und Nudeln gut verbinden.

04. Die Lammfilets salzen und pfeffern, mit dem gehackten Salbei bestreuen. In Olivenöl in 3 Min. von allen Seiten ausbraten.

05. Die Spaghetti auf vier Teller verteilen und jeweils 2 Filets darauf anrichten. Fehlt eigentlich nur noch Rotwein vom Feinsten – viel Spaß!

06. Wer die Lammfilets etwas mehr durchgebraten haben möchte, erhöht einfach die Bratzeit.

07. Die Sauce wird noch lockerer, wenn man statt der Milch Brühe verwendet – sie wird dann nicht so sahnig, schmeckt aber auch köstlich.

SCHINKENFLECKERL

2–3 PERSONEN

ZUTATEN

- ½ junger Weißkohl
- Salz
- 1 Zwiebel
- 1 Knoblauchzehe
- 1 Bund Petersilie
- 300 g Lasagneblätter (alternativ: Pappardelle)
- Butter
- Zucker
- 250 ml Geflügelbrühe
- 100 ml trockener Weißwein
- 3 dicke Scheiben gekochter Schinken
- Kümmel, gemörserter schwarzer Pfeffer

01. Weißkohl waschen, putzen und in mundgerechte breite Streifen schneiden. In Salzwasser 3–4 Min. blanchieren, dann abschrecken und trocken tupfen. Zwiebel und Knoblauch schälen und würfeln bzw. hacken. Petersilie waschen und trocken schütteln, harte Stiele entfernen, anschließend den Rest grob zerkleinern.

02. Lasagneblätter nach dem Kochen in breite Streifen schneiden. Gut abtropfen lassen. (Nudeln und Weißkohl müssen vor dem Weiterverarbeiten trocken sein!)

03. Zwiebel und Knoblauch in Butter andünsten. Den Weißkohl dazugeben, mit etwas Zucker bestreuen und leicht karamellisieren lassen. Mit Brühe und Wein ablöschen und bei schwacher Hitze den Kohl in 20 Min. gar köcheln lassen. Mit Kümmel, Salz, Petersilie und Pfeffer abschmecken und heiß servieren.

04. Ein tolles Nudelgericht aus Österreich, das im Originalrezept zusätzlich überbacken wird. Schinkenfleckerl schmecken – mit Pasta oder solo – am besten mit einem trockenen Weißwein.

HINNERK BAUMGARTEN,
Die-Mutter-aller-Kochshows-Moderator

»Spaghetti Carbonara, sehr al dente – unbedingt mit Rotwein!«

FLEISCHER VOM FEINSTEN

Steffen Bömmelburg (re)

»Penne mit gebratenem Rinderhack und Tomate«

Uwe Fahrenkrug (li)

»Pappardelle mit Chili, Parmesan, Tomate, Basilikum und Asiasauce«

UWE ROSENHAGEN,
liefert besten Honig seit über 30 Jahren

»Makkaroniauflauf mit frischen Tomaten obendrauf«

JOCHEN POOK,
Freund, Anwalt, verpasst keine Sendung, genial – danke

»Spaghetti Bolognese vom Rind, mittelscharf«

RIGATONI mit Salsiccia, Tomaten und Cima di Rapa

→ **4–5 PERSONEN**

ZUTATEN

4 Salsiccia (alternativ: grobe rohe Bratwürste)
1 Staude Cima di Rapa (Stängelkohl, 500 g)
12 rote oder gelbe Cocktailtomaten (alternativ: 2 große Fleischtomaten)
2 Stangen Staudensellerie
1–2 rote Zwiebeln
2 Knoblauchzehen
1 Zweig Rosmarin
1 Bund Petersilie
1 Chilischote
500 g Rigatoni (Röhrennudeln)
Salz
Olivenöl
gemörserter schwarzer Pfeffer
100 g Parmesan, frisch gerieben

01. Die Haut der Salsiccia abziehen, die Füllung in Stücke teilen und zu Klößen formen. Von der Cima di Rapa den unteren, harten Teil abschneiden, den Rest waschen und mit Röschen in grobe Stücke schneiden. Tomaten waschen und halbieren. Staudensellerie waschen, putzen und in Streifen schneiden. Zwiebeln schälen und in schmale Streifen schneiden. Knoblauch schälen, Rosmarin und Petersilie waschen, alles fein hacken. Die Chilischote waschen und der Länge nach einritzen.
02. Die Rigatoni nach Packungsanweisung in sprudelnd kochendem Salzwasser al dente garen.
03. Inzwischen in einer großen Pfanne Olivenöl erhitzen. Die Fleischbällchen darin goldbraun anbraten, dann die Zwiebeln dazugeben und ebenfalls leicht anbräunen. Cima di Rapa, Staudensellerie, Knoblauch, Chili, Kräuter und die Tomaten hinzufügen, mit Salz und Pfeffer würzen und alles vermengen. Einige Minuten bei mittlerer Hitze schmoren.
04. Die Pasta abgießen, dabei etwas Kochwasser auffangen. Die Nudeln in die Pfanne geben und mit den anderen Zutaten vermengen. Falls nötig, noch etwas Nudelwasser einrühren.
05. Die Pasta auf Teller geben, mit Olivenöl beträufeln und mit Parmesan bestreuen.

Orecchiette-Salat

→ **2–3 PERSONEN**

ZUTATEN 300 g Orecchiette (Öhrchennudeln) | Salz | 1 Schalotte | 2 Knoblauchzehen | Olivenöl | 125 g Sahne | 500 ml Fleischbrühe | 2 Scheiben gekochter Schinken | 3 Fleischtomaten | 1 EL gehackter frischer Rosmarin | ½ Bund Petersilie, frisch gehackt | gemörserter schwarzer Pfeffer

01. Die Orecchiette nach Packungsanweisung in sprudelnd kochendem Salzwasser al dente garen.

02. Schalotte und Knoblauch schälen, Schalotte hacken und Knoblauch durch die Presse drücken. Beides in Olivenöl andünsten, mit Sahne und Brühe ablöschen. Bei schwacher Hitze etwas einköcheln lassen.

03. Gekochten Schinken fein würfeln. Tomaten kochend heiß überbrühen, dann enthäuten, entkernen und in Würfel schneiden.

04. Die Nudeln abgießen, mit Tomaten und Schinken in eine Schüssel geben, mit der ausgekühlten Sahne-Brühe-Mischung übergießen. Rosmarin und Petersilie darüberstreuen, mit Salz und Pfeffer würzen und mit etwas Olivenöl beträufeln, dann durchziehen lassen.

Penne-rigate-Muffins

→ **2–3 PERSONEN**

ZUTATEN ½ Fenchelknolle | 2 Stangen Staudensellerie | 2 Schalotten | 1 Chilischote | 20 Petersilienblätter | 150 g gekochter Schinken | 300 g Penne rigate (kurze Röhrennudeln) | Salz | Olivenöl | 1 EL gehacktes Knoblauchgrün | 1 EL Fenchelsamen | 250 g Sahne | 150 ml Milch | 2 Eier | 200 g Emmentaler, frisch gerieben **FÜR DIE SAUCE** 5 Tomaten | 1 rote Paprikaschote | 1 TL Paprikapulver | Zucker, Salz | 1 Prise Chilipulver

01. Fenchel und Staudensellerie waschen und putzen, Schalotten schälen. Alles in feine Würfel schneiden. Chilischote waschen, putzen, klein schneiden. Petersilienblätter klein zupfen. Schinken in Würfel schneiden.
02. Die Penne rigate nach Packungsanweisung in sprudelnd kochendem Salzwasser al dente garen.
03. Inzwischen Olivenöl erhitzen und das vorbereitete Gemüse mit Knoblauchgrün und Schinkenwürfeln darin kurz andünsten. Mit Chili, Fenchelsamen und Salz würzen, dann die gezupfte Petersilie dazugeben.
04. Die gegarten Nudeln abgießen, abtropfen lassen und mit dem Gemüse vermengen. Kräftig mit Salz abschmecken. Den Backofen auf 180° (Ober-/Unterhitze) vorheizen.
05. Die Mulden der Muffinform mit Olivenöl einpinseln und die Nudelmischung darauf verteilen. Sahne, Milch, Eier und 100 g Emmentaler verquirlen und mit Salz würzen. Die Mulden der Muffinform damit bis mindestens zur Hälfte auffüllen. Restlichen Käse und etwas Olivenöl auf die Nudeln geben, 30–35 Min. im vorgeheizten Backofen (Mitte) backen.
06. Für die Sauce die Tomaten mit kochend heißem Wasser überbrühen und häuten, dann vom Strunk befreien. Die Paprikaschote mit dem Sparschäler schälen, Strunk und Kerne entfernen, in Stücke schneiden. Mit Paprikapulver, Zucker, Salz und etwas Chili im Standmixer glatt pürieren.
07. Die kleinen Aufläufe aus den Formen lösen, mit der Sauce servieren.

PAPPARDELLE mit Lammhaxen und Erbsenpüree

→ **4–6 PERSONEN**

ZUTATEN

- 2 Zwiebeln
- 1 Bund Suppengrün (Lauch, Möhre, Knollensellerie, Petersilie ...)
- 2 Lorbeerblätter
- 1 EL Wacholderbeeren
- 1 EL Pimentkörner
- 1 EL gehackter frischer Rosmarin
- 1 EL gehackter frischer Thymian
- 1 EL gemörserter schwarzer Pfeffer
- 1 Nelke
- 4 Lammhaxen
- 3–4 Schalotten
- 1 Bund Petersilie
- 500 g Pappardelle (breite Bandnudeln)
- Salz
- Olivenöl
- Butterschmalz
- Honig
- 400 g geschälte Tomaten (aus der Dose)

FÜR DAS ERBSENPÜREE

- 500 g tiefgekühlte grüne Erbsen
- Salz
- 1 Prise frisch geriebene Muskatnuss
- 1 Knoblauchzehe
- Zucker
- Zitronensaft
- Olivenöl
- 2–3 Frühlingszwiebeln

01. Die Zwiebeln mit Schale halbieren und ohne Fett in einer Pfanne auf der Schnittfläche dunkel rösten. Das Suppengrün-Gemüse putzen und in Stücke schneiden. Zusammen mit den Gewürzen und den Lammhaxen in einen großen Topf geben, mit Wasser auffüllen und erhitzen. Den Deckel halb auflegen und die Lammhaxen 1–1,5 Std. bei milder Hitze köcheln lassen; die Lammhaxen sind gar, wenn sich das Fleisch leicht vom Knochen lösen lässt. Die Haxen aus dem Sud nehmen und das Fett abschöpfen. Das Fleisch in mundgerechte Stücke schneiden.

02. Die Schalotten schälen und in feine Streifen schneiden. Die Petersilie waschen, trocken schütteln und hacken.

03. Die Pappardelle nach Packungsanweisung in sprudelnd kochendem Salzwasser al dente garen.

04. Inzwischen für das Erbsenpüree die Erbsen mit etwas Wasser und 1 Prise Salz in einen Topf geben und bei wenig Hitze etwa 5 Min. garen. Abgießen und den Sud auffangen. Die Erbsen mit etwas Flüssigkeit zurück in den Topf geben und pürieren. Immer wieder etwas Kochwasser hinzufügen, bis die Masse eine geschmeidige Konsistenz hat. Mit Muskat, durchgepresstem Knoblauch, Salz, Zucker und Zitronensaft abschmecken und etwas Olivenöl zugießen. Die Frühlingszwiebeln waschen, putzen, in feine Ringe schneiden und zum Schluss unter das Erbsenpüree heben. Warm stellen.

05. In einer Pfanne Olivenöl und etwas Butterschmalz erhitzen, die Schalotten darin farblos anschwitzen. Die Fleischstücke hinzufügen und leicht anbraten; dabei mit etwas Honig einpinseln. Die Dosentomaten abtropfen lassen und in Stücke teilen, dann in die Pfanne geben. Etwas Sud von den Lammhaxen hinzufügen.

06. Die gegarten Nudeln abgießen, tropfnass in die Pfanne geben und mit den Zutaten vermengen. Zum Schluss noch gehackte Petersilie und 1 EL Erbsenpüree hinzufügen.

07. Die Lammhaxen-Pasta auf Teller verteilen. Mhmm, lecker!

Makkaroni mit Tomaten und Speck

→ **4 PERSONEN**

ZUTATEN 2 Fleischtomaten | 150 g durchwachsener Speck | 1 Bund Rucola | 500 g Makkaroni | Salz | 2–3 EL Olivenöl | 500 ml Fleischbrühe | 100 g Parmesan, frisch gerieben | 20 schwarze Pfefferkörner, im Mörser zerstoßen

01. Tomaten überbrühen, enthäuten und entkernen, das Fruchtfleisch fein würfeln. Speck in feine Streifen schneiden. Rucola waschen, trocknen und in Streifen schneiden; grobe Stängel ruhig mitverarbeiten.
02. Die Makkaroni nach Packungsanweisung in sprudelnd kochendem Salzwasser al dente garen.
03. Speck in Olivenöl andünsten, mit Brühe ablöschen und diesen Specksud um die Hälfte einkochen lassen.
04. Die Makkaroni abgießen und tropfnass in den Specksud geben. Rucola und Tomaten hinzufügen, alles gut vermengen und mit Parmesan und grobem Pfeffer bestreuen.

Frühlingsspaghetti mit Hähnchenbrust

→ **4 PERSONEN**

ZUTATEN 2 Hähnchenbrustfilets (möglichst aus artgerechter Haltung) | Salz, gemörserter schwarzer Pfeffer | 10 weiße Champignons | 1 Bund Frühlingszwiebeln | 2 Knoblauchzehen | 1 kleine Fenchelknolle mit Grün | ½ Bio-Zitrone | 100 g Parmesan am Stück | 500 g Spaghetti oder Bandnudeln | Olivenöl | 100 ml Weißwein | 500 ml Fleischbrühe | Zitronensaft (nach Belieben)

01. Hähnchenbrustfilets abwaschen und trocken tupfen, in Scheiben schneiden, salzen und pfeffern. Champignons mit einem feuchten Tuch sauber reiben, putzen und mitsamt Stiel in Scheiben schneiden. Frühlingszwiebeln waschen und putzen, von dunklem Grün befreien und den Rest in feine Streifen schneiden. Knoblauch schälen und hacken. Fenchel waschen und putzen, das Grün hacken und beiseitelegen. Den Fenchel vierteln, vom Strunk befreien und in Streifen schneiden. Die Zitronenhälfte der Länge nach halbieren, dann quer in feine Scheiben schneiden. Den Parmesan mit einem Sparschäler oder einem scharfen Messer fein hobeln.

02. Die Spaghetti nach Packungsanweisung in sprudelnd kochendem Salzwasser al dente garen.

03. Nun Olivenöl in einer großen Pfanne erhitzen, Hähnchenfleisch darin scharf anbraten, Fenchel, Champignons, Frühlingszwiebel und Knoblauch dazugeben. Alles mit Wein und Brühe ablöschen. Die Zitronenscheiben beigeben, alles nochmals abschmecken, nach Geschmack auch mit etwas Zitronensaft. Zum Schluss mit gehacktem Fenchelkraut bestreuen.

04. Die Nudeln abgießen und mit dem Fleisch und dem Gemüse gut vermengen. (Wer möchte, gibt noch etwas mehr Brühe, Olivenöl oder Wein dazu.) Zum Schluss mit Parmesan bestreuen. Guten Appetit!

FREGOLA-SARDA-Salat

4–6 PERSONEN

ZUTATEN

500 g kernlose Weintrauben (bevorzugte Sorte: Thompson)
4 Stangen Staudensellerie
3 Hähnchenbrustfilets
4 rote Paprikaschoten
1 scharfe rote Chilischote
500 g Fregola sarda (kleine kugelförmige Nudeln aus Sardinien)
Salz
Olivenöl und Butter, zum Braten
Zucker

FÜR DIE VINAIGRETTE

3 EL Olivenöl
3 EL Apfelessig
3 EL Kochwasser von den Nudeln
1 EL Honig
Saft von ½ Zitrone
Salz, gemörserter schwarzer Pfeffer

01. Backofengrill auf höchster Stufe vorheizen. Die Weintrauben waschen, trocknen und halbieren. Den Staudensellerie waschen, putzen und in feine Scheiben schneiden. Die Hähnchenbrust ohne Haut in feine Streifen schneiden. Die Paprikaschoten waschen, putzen und halbieren, Strunk und Kerne entfernen. Paprikaschoten mit der Schnittseite nach unten unter dem Backofengrill erhitzen, bis die Haut schwarz wird, dann mit einem nassen Handtuch abschrecken und die Haut entfernen. Paprika in mundgerechte Stücke schneiden. Die Chilischote waschen, putzen und fein hacken.

02. Die Fregola sarda nach Packungsanweisung in sprudelnd kochendem Salzwasser al dente garen.

03. Die Hähnchenbrust in Olivenöl braten, den Staudensellerie dazugeben und mit Chili, Salz und Zucker würzen. Die Weintrauben kurz in Butter schwenken und leicht zuckern.

04. Die Nudeln abgießen und mit den Paprikastücken auf eine große Platte geben. Fleisch, Gemüse und Weintrauben darauf anrichten.

05. Die Zutaten für die Vinaigrette verrühren und damit den Salat anmachen. Alles leicht vermengen und noch lauwarm servieren – ein Hochgenuss zu italienischem Weißwein.

Pasta classica & speciale

SCHARFE SPAGHETTI
mit Sommertrüffel

01. Chilischote waschen, putzen und entkernen, Knoblauch und Schalotten schälen, alles in sehr kleine Würfel schneiden. Petersilie waschen, trocknen und hacken. Die Hälfte der Hühnerbrühe in einer hohen Pfanne erhitzen. Schalotten, Knoblauch und Chili zugeben und alles 10 Min. köcheln lassen. Immer wieder etwas Brühe angießen; nach der Garzeit sollte die Brühe um etwa die Hälfte eingekocht und leicht dickflüssig sein.

02. Die Spaghetti nach Packungsanweisung in sprudelnd kochendem Salzwasser al dente garen.

03. Den Sud wieder erhitzen, die Petersilie, Olivenöl und 2 EL geriebenen Parmesan unterrühren. Die Spaghetti abgießen, tropfnass in die Pfanne geben und mit dem Sud gut vermengen. Dabei alles salzen, pfeffern und den restlichen Parmesan hinzufügen.

04. Die Pasta auf Teller verteilen. Den Trüffel mit einem Trüffel- oder Gemüsehobel in hauchdünne Späne hobeln und großzügig über die Pasta streuen. (Sommertrüffel hat im Gegensatz zum Wintertrüffel nur ein sehr mildes Trüffelaroma und ist preiswerter: Für 40–50 g müssen Sie etwa 20–25 Euro investieren. Die Menge reicht für 4–6 Personen. Die scharfe Pasta schmeckt übrigens auch ohne Trüffel.)

→ **4 PERSONEN**

ZUTATEN

1	frische Chilischote
2	Knoblauchzehen
2	Schalotten
1	Bund Petersilie
500 ml	Hühnerbrühe
	Salz
400 g	Spaghetti
3 EL	Olivenöl
50 g	Parmesan, frisch gerieben
	gemörserter schwarzer Pfeffer
50 g	frischer Sommertrüffel

ORECCHIETTE
mit Hummersauce

→ 2 PERSONEN

ZUTATEN

1	vorgekochter ganzer Hummer oder Hummerfleisch von 1 Hummer (vakuumiertes Hummerfleisch vom Fisch-händler)
200 g	Orecchiette (Öhrchennudeln)
	Salz
2	Schalotten
3	weiße Champignons
	Fruchteinlage nach Saison (z. B. 1 Pfirsich, ¼ Melone oder 2 Orangen)
	Olivenöl
	Zucker
1 EL	fein gehackte Petersilie
200 ml	Fischfond oder Gemüsebrühe
2 EL	sehr trockener Wermut (z. B. Noilly Prat)
150 g	Crème fraîche

01. Beim vorgekochten Hummer den Schwanz abdrehen, längs halbieren und das Fleisch entnehmen. Die Scheren knacken und das Fleisch auslösen.

02. Orecchiette nach Packungsanweisung in sprudelnd kochendem Salzwasser al dente garen.

03. Schalotten schälen und fein hacken. Champignons sauber reiben, putzen und in Scheiben schneiden. Das Obst schälen, enthäuten und/oder das Fruchtfleisch bzw. Filets auslösen.

04. Schalotten und Pilze in Olivenöl andünsten, salzen und leicht zuckern. Mit Brühe und Wermut ablöschen, dann Crème fraîche einrühren. 2–3 Min. einköcheln lassen, bis eine leicht sämige Konsistenz entsteht. In diesen Sud das ausgelöste Hummerfleisch und das frische Obst einlegen.

05. Die gegarten Nudeln abgießen und tropfnass in die Sauce geben. Alles gut vermengen, auf Teller verteilen und mit Petersilie bestreut servieren. Dazu Winzersekt oder Crémant servieren.

SPAGHETTI alla bolognese

→ **4 PERSONEN**

ZUTATEN

- 1 Zwiebel
- 2 Knoblauchzehen
- 2 Möhren
- 100 g Staudensellerie
- ½ Bund glatte Petersilie
- 1 Zweig Rosmarin
- 50 g Parmaschinken
- Olivenöl
- 500 g gemischtes Hackfleisch
- 10 Pfefferkörner, im Mörser zerstoßen
- Salz
- Zucker
- 1 EL Tomatenmark
- 400 g geschälte Tomaten mit Saft (aus der Dose)
- 300 ml Brühe
- Butter
- 500 g Spaghetti
- Parmesan

01. Zwiebel und Knoblauch schälen, Zwiebel klein schneiden und Knoblauch hacken. Möhren und Sellerie waschen und putzen, in Würfel schneiden. Petersilie waschen, trocken schütteln, harte Stängel entfernen, den Rest hacken. Rosmarin waschen, trocknen, Nadeln abzupfen und hacken. Parmaschinken in feine Würfel schneiden.

02. Olivenöl stark erhitzen, Zwiebel und Knoblauch darin andünsten. Das Hack zugeben und krümelig anbraten; dabei häufig umrühren. Parmaschinken untermischen. Sellerie- und Möhrenwürfel zugeben und mitbraten.

03. Mit Pfeffer, Salz, Rosmarin, Zucker und Petersilie würzen. Tomatenmark gleichmäßig einrühren.

04. Dosentomaten mit Saft dazugeben und nach Bedarf Brühe angießen. Alles bei schwacher Hitze offen 1–2 Std. köcheln lassen; dabei immer etwas Brühe nachgießen.

05. Inzwischen die Spaghetti nach Packungsanweisung in sprudelnd kochendem Salzwasser al dente garen. Abgießen, abtropfen lassen und mit der Bolognese vermengen. Vor dem Servieren mit Pfeffer bestreuen und Parmesan fein darüberreiben.

RIGATONI mit Cima di Rapa

01. Die Rigatoni nach Packungsanweisung in sprudelnd kochendem Salzwasser al dente garen.
02. Von der Cima di Rapa den unteren, harten Teil abschneiden, den Rest waschen und inklusive der Röschen in grobe Stücke schneiden. Zwiebel und Knoblauch schälen und in feine Würfel schneiden. Tomaten überbrühen und enthäuten, Chilischoten waschen und trocknen. Beides von Strunk und Kernen befreien. Chilis fein hacken, Tomaten in grobe Würfel schneiden.
03. Zwiebel und Knoblauch in einer großen Pfanne in Öl andünsten. Chilis dazugeben und mit Brühe ablöschen. Cima di Rapa hinzufügen und alles gut vermengen. Die Tomaten untermengen, mit Salz, Zucker und Pfeffer abschmecken.
04. Die gegarten Rigatoni abgießen und tropfnass zur Sauce in die Pfanne geben. Alles gut vermengen und mit Parmesan bestreuen, 1 Schuss Olivenöl darübergeben und servieren.

→ **3–4 PERSONEN**

ZUTATEN

350 g kleine Rigatoni (Röhrennudeln)
Salz
1 Staude Cima di Rapa (Stängelkohl, 450–500 g)
1 große Zwiebel
das Grün von 1 jungen Knoblauchknolle
2 große Fleischtomaten
2 scharfe Chilischoten
Olivenöl
250 ml Gemüsebrühe (nach Bedarf mehr)
Zucker
gemörserter schwarzer Pfeffer
Parmesan, frisch gerieben

Köche des Jahrhunderts
3.1.18
6.8.18
26.2.19
19.12.18
Filet

BEEF!
STEAKS
WURST
MARCHESI ANTINORI
FRITZ KELLER
Unberührte Schönheit
Crafted Meat
DAS KOCHBUCH FÜR ECHTE KERLE

NDR

GNOCCHETTI SARDI
in Tomaten-Sahne mit Rucola

→ 3 PERSONEN

ZUTATEN

300 g Gnocchetti (kleine geriffelte Nudeln aus Sardinien)
Salz
1 Zwiebel
2 Knoblauchzehen
1 scharfe rote Chilischote
4 Fleischtomaten
1 Bund Rucola
Olivenöl
200 ml Gemüsebrühe
300 g Sahne
2 EL fein geriebener Parmesan (evtl. mehr zum Bestreuen)
gemörserter schwarzer Pfeffer

01. Die Nudeln nach Packungsanweisung in sprudelnd kochendem Salzwasser al dente garen.

02. Zwiebel und Knoblauch schälen, Chili waschen und putzen, alles fein hacken. Dann Tomaten überbrühen, enthäuten, von Strunk und Kernen befreien und in kleine Würfel schneiden. Anschließend den Rucola verlesen, waschen und trocken schütteln, grob hacken.

03. Zwiebel, Knoblauch und Chili in Olivenöl andünsten. Mit Brühe und Sahne ablöschen, Parmesan einrühren. Leise einköcheln lassen, mit Salz und Pfeffer abschmecken. Die Tomaten untermengen.

04. Die gegarten Nudeln abgießen und tropfnass in die Sauce geben. Rucola untermengen, mit Pfeffer und Olivenöl abschmecken. Mit Parmesan bestreut servieren.

TAGLIATELLE
mit Jakobsmuscheln

→ **2 PERSONEN**

ZUTATEN

2	Schalotten
1	Knoblauchzehe
3	Fleischtomaten
250 g	Tagliatelle (Bandnudeln)
	Salz
	Olivenöl
1 EL	Estragonessig
200 ml	Gemüsebrühe
200 g	Crème fraîche
2 EL	gehackter Estragon
	gemörserter schwarzer Pfeffer
4	Jakobsmuscheln ohne Corail (roter Rogen)
etwas	abgeriebene Bio-Zitronenschale

01. Schalotten schälen, Knoblauch ungeschält andrücken, sodass die Schale aufplatzt. Die Tomaten überbrühen, enthäuten, von Strunk und Kernen befreien und in Streifen schneiden.

02. Die Tagliatelle nach Packungsanweisung in sprudelnd kochendem Salzwasser al dente garen.

03. Für den Sud die Schalotten in einer Pfanne in Olivenöl andünsten. Knoblauch zugeben. Mit Estragonessig und der Brühe ablöschen. Einköcheln lassen, dann Crème fraîche unterrühren und alles gut vermengen. Die Tomaten und den gehackten Estragon in den Sud streuen, mit Salz und Pfeffer abschmecken, leise köcheln lassen. Knoblauch entfernen.

04. Inzwischen die Jakobsmuscheln in einer Pfanne kurz (maximal 1 ½ Min.) in Öl braten, dabei öfter wenden; sie sollten innen leicht glasig sein. Salzen.

05. Die gegarten Nudeln abgießen und tropfnass mit in die Pfanne geben, alles gut vermengen. Auf Teller verteilen, mit je 2 gebratenen Jakobsmuscheln garnieren. Mit Zitronenabrieb bestreuen und mit Olivenöl beträufeln – fertig. Ein edler, aber nicht ganz preisgünstiger Genuss. Guten Appetit!

SPAGHETTI aglio e olio

→ **4–5 PERSONEN**

ZUTATEN

500 g Spaghetti
Salz
das Grün von 2 jungen Knoblauchknollen
100 ml Olivenöl
100 g Parmesan

01. Die Spaghetti nach Packungsanweisung in sprudelnd kochendem Salzwasser al dente garen.

02. Das Grün von dem jungen Knoblauch in feine, gleichmäßige Streifen schneiden und in einer Pfanne in Olivenöl andünsten; nicht braun werden lassen.

03. Nudeln abgießen und tropfnass zum Knoblauchöl in die Pfanne geben. Leicht salzen, alles gut vermengen und auf Teller verteilen. Vor dem Genießen den Parmesan fein darüberreiben.

SPAGHETTI all'arrabbiata

01. Zwiebel und Knoblauch schälen und fein hacken. Staudensellerie und Chili waschen und putzen, ebenfalls fein hacken. Die frischen Tomaten überbrühen und enthäuten, vom Strunk befreien und grob zerkleinern.
02. Zwiebel und Knoblauch in Olivenöl andünsten. Sellerie und Chili zugeben, salzen und leicht zuckern. Dosentomaten, Tomatenmark und die geschälten frischen Tomaten untermengen, alles mit dem Kartoffelstampfer zerdrücken. Jetzt Rosmarin und Lorbeer einlegen, mit Salz, Zucker und Pfeffer abschmecken. Bei schwächster Hitze 20 Min. köcheln lassen.
03. Inzwischen die Spaghetti nach Packungsanweisung in sprudelnd kochendem Salzwasser al dente garen. Die Petersilie waschen, trocken schütteln, von harten Stängeln befreien und fein hacken. Gegebenenfalls die Pinienkerne in einer Pfanne ohne Fett goldbraun rösten.
04. Rosmarin und Lorbeer aus dem Tomatensud entfernen. Die gegarten Nudeln abgießen, tropfnass in die Sauce geben und alles gut vermengen. Parmesan darüberreiben, 1 Schuss Olivenöl darübergeben. Mit schwarzem Pfeffer und Petersilie bestreuen. Wer möchte, gibt noch geröstete Pinienkerne dazu. Ein italienischer Hochgenuss.

→ **4–5 PERSONEN**

ZUTATEN

1 Zwiebel
3 Knoblauchzehen
2 Stangen Staudensellerie
1 scharfe rote große Chilischote
6 frische Strauch- oder Romatomaten
Olivenöl
Salz, Zucker
800 g geschälte Tomaten (aus der Dose)
2 EL Tomatenmark
1 Zweig Rosmarin
3–4 Lorbeerblätter
gemörserter schwarzer Pfeffer
500 g Spaghetti
½ Bund Petersilie
50 g Pinienkerne (nach Belieben)
Parmesan

HEIKE SASS,
Schwägerin für Gewinn und Verlust seit Jahrzehnten

»Am liebsten Penne Tomate, mittelscharf«

NORBERT FÜLSCHER,
Weinhändler des Vertrauens

»Spaghetti mit Garnelen, leicht scharf«

SARAH WIENER,
außergewöhnliche Freundin
(schon immer) auf dem Weg
ins EU-Parlament

»Nudeln nur mit Freunden«

HAUKE WIECHERS,
Kochhaus-Souschef

»Alle Nudelsorten mit Tomate, Sahne und Butter«

TIM MÄLZER,
Freund von der Bullerei

»Spaghetti Bongo«

TAGLIATELLE in Frühlings-zwiebel-Safran-Sauce

→ **3–4 PERSONEN**

ZUTATEN

1 Bund	Frühlingszwiebeln
1	Knoblauchzehe
400 g	Tagliatelle (Bandnudeln)
	Salz
3 EL	Olivenöl
300 ml	Fleischbrühe (alternativ: 150 ml Brühe und 150 g Sahne)
0,1 g	Safranfäden, im Mörser zerstoßen
	gemörserter schwarzer Pfeffer, Salz
	Zitronensaft
	Cayennepfeffer (nach Belieben)

01. Die Frühlingszwiebeln waschen und putzen, das Dunkelgrüne wegschneiden und anderweitig verwenden, den Rest in feine Scheiben schneiden. Den Knoblauch schälen und durch die Presse drücken.

02. Die Tagliatelle nach Packungsanweisung in sprudelnd kochendem Salzwasser al dente garen.

03. In einer Pfanne Olivenöl erhitzen, Knoblauch und Frühlingszwiebeln darin andünsten. Mit Brühe ablöschen und Safran dazugeben; gegebenenfalls Sahne einrühren, 5–6 Min. bei schwacher Hitze köcheln lassen.

04. Die Sauce mit Pfeffer, Salz und Zitronensaft abschmecken; wer es noch etwas schärfer möchte, würzt zusätzlich mit Cayennepfeffer. Die gegarten Nudeln abgießen und tropfnass in die Sauce geben. Leicht durchschwenken und servieren.

SPAGHETTI Carbonara

→ **3-4 PERSONEN**

ZUTATEN

100 g durchwachsener Speck
Olivenöl
1 EL gemörserter schwarzer Pfeffer
80 g Pecorino (alternativ: Parmesan)
½ Bund Petersilie (nach Belieben)
300 g Spaghetti
Salz
2 Eier
1 Eigelb
10 Cocktailtomaten (nach Belieben)

01. Den Speck in feine Streifen schneiden. Wenig Olivenöl in einer Pfanne erhitzen und den Speck darin knusprig braten. Gemörserten Pfeffer hinzufügen und kurz mitrösten. Den Speck auf Küchenpapier entfetten. Den Käse grob reiben. Petersilie waschen, trocken schütteln, harte Stiele entfernen, den Rest hacken.

02. Die Spaghetti nach Packungsanweisung in sprudelnd kochendem Salzwasser al dente garen.

03. Inzwischen die Eier und das Eigelb in einer hohen Pfanne verrühren und mit dem Käse vermengen. Einige EL Kochwasser von den Spaghetti zur Eigelbmasse geben; die Masse sollte eine dickflüssige und sämige Konsistenz haben.

04. Die gegarten Spaghetti abgießen und tropfnass mit dem Speck in die Pfanne geben, alles gut vermengen und noch einmal vorsichtig erhitzen. Die Eiermasse sollte flüssig bleiben und nicht stocken.

05. Gegebenenfalls die Tomaten waschen und halbieren. Olivenöl in einer Pfanne erhitzen und die Tomaten darin kurz und scharf anbraten. Mit 1 Prise Salz würzen.

06. Die Spaghetti auf einer Platte anrichten. Mit den gebratenen Tomaten garnieren, etwas gemörserten Pfeffer und Petersilie darüberstreuen. Dazu passt ein Glas Pinot grigio.

TAGLIATELLE in Weißweinsahne mit Rinderfilet

→ **3 PERSONEN**

ZUTATEN

400 g Rinderfilet (Mittelstück)
Salz, gemörserter schwarzer Pfeffer
300 g Tagliatelle (Bandnudeln)
2 Schalotten
5 große Kräuterseitlinge
2 Knoblauchzehen
2 EL Butter
Olivenöl
Zucker
100 ml Weißwein
300 ml Brühe
200 g Sahne
1 EL frisch gehackter Rosmarin

01. Das Rinderfilet in feine Scheiben schneiden, die Scheiben halbieren. Salzen, pfeffern und beiseitestellen.

02. Die Tagliatelle nach Packungsanweisung in sprudelnd kochendem Salzwasser al dente garen.

03. Schalotten schälen, Kräuterseitlinge sauber reiben, beide in Scheiben schneiden. Die ungeschälten Knoblauchzehen andrücken, sodass die Schale aufplatzt.

04. In einer großen Pfanne Butter und Olivenöl erhitzen, das Rinderfilet darin kurz und scharf – maximal 1 Min. – anbraten. Aus der Pfanne nehmen und auf einem Teller beiseitestellen.

05. Erneut Olivenöl erhitzen, Schalotten und Pilze darin andünsten, leicht zuckern und salzen. Knoblauchzehen einlegen. Mit Weißwein, Brühe und Sahne ablöschen und leicht einköcheln lassen. Den Sud erneut abschmecken. Das Filet mit dem ausgetretenen Bratensaft wieder dazugeben. Knoblauch entfernen. Die Sauce sollte jetzt leicht sämig und nicht fett sein.

06. Die gegarten Nudeln abgießen und tropfnass in die Pfanne geben, alles gut vermengen und auf Teller verteilen. Jede Portion mit Olivenöl beträufeln und mit frischem Rosmarin bestreuen.

SPAGHETTI all'amatriciana

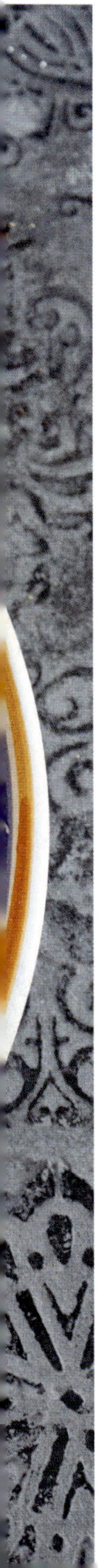

→ **4–5 PERSONEN**

ZUTATEN

2 Knoblauchzehen
2 Zwiebeln
1 scharfe rote Chilischote
150 g durchwachsener Speck oder italienischer Coppa
500 g Kirschtomaten
½ Bund Petersilie (nach Belieben)
500 g Spaghetti
Salz
Olivenöl
300 ml Tomatensaft
Zucker
150 g Pecorino
gemörserter schwarzer Pfeffer

01. Knoblauch und Zwiebeln schälen. Chili waschen, von Stielansatz und Kernen befreien, alles in Streifen schneiden. Speck ebenfalls in Streifen schneiden. Kirschtomaten waschen, halbieren, vom Strunk befreien. Gegebenenfalls Petersilie waschen, trocken schütteln, harte Stängel entfernen, den Rest hacken.

02. Die Spaghetti nach Packungsanweisung in sprudelnd kochendem Salzwasser al dente garen.

03. In einer Pfanne Olivenöl erhitzen, Knoblauch und Zwiebeln darin andünsten, Speck zugeben und mit Chili würzen. Kirschtomaten und Tomatensaft hinzufügen, salzen und zuckern, alles bei schwächster Hitze 15 Min. köcheln lassen. Inzwischen die Hälfte des Pecorino sehr fein reiben.

04. Die Spaghetti abgießen und tropfnass in den Sud geben. Den fein geriebenen Pecorino einstreuen und alles gut vermengen. Auf einer großen Platte anrichten und den übrigen Pecorino grob über die Nudeln reiben. Mit 1 Spritzer Olivenöl beträufeln, mit etwas schwarzem Pfeffer und nach Belieben mit Petersilie bestreuen – fertig.

THILO METZGER-PETERSEN,

bester Backensholzer

Käse mit Nachwuchs

»Wir beide essen am liebsten Tagliatelle aus dem Käselaib«

MICHAEL EGGERT (li)

KARL NIEHUSEN (m)

DIRK PREILIPPER (re)

Die Drei von Hummer Pedersen

»Spaghetti mit Lachs«

»Spaghetti Vongole«

»Spaghetti mit Hummer«

CARSTEN LAADE,
Sommelier und Intendant der Weinbühne

»Linguine mit Garnelen und Kirschtomaten«

ROMY SCHARFENBERGER (li)
HELENE MONTAG (re)
Requisite

»Spaghetti mit Nusssauce, Parmesan – zum Reinsetzen«
»Tagliatelle mit Rucola und Tomate«

Rezeptregister

Danke, Mädels!

IMPRESSUM

GRÄFE
UND
UNZER

Gräfe und Unzer ist eine eingetragene Marke der GRÄFE UND UNZER VERLAG GmbH, www.gu.de

ISBN 978-3-8338-8599-0

1. Auflage 2022

Projektleitung: Alexandra Bauer (textwerk, München), Simone Kohl
Text & Redaktion: Alexandra Bauer (textwerk, München)
Lektorat: Christiane Manz für textwerk, München
Coverfoto & Fotografie: Frank von Wieding
Rezepte & Fooddesign: Rainer Sass
Rezepte zu Tietjen: Rainer Sass mit freundlicher Unterstützung von Florian Kruck
Weitere Fotos: privat, Rainer Sass: S. 7, 54, 55, 88, 89, 112, 113, 144, 145, 176, 177, 186, 187, 191
Umschlaggestaltung & Layout: ki 36 Editorial Design, Bettina Stickl
Herstellung: Markus Plötz
Satz: Christopher Hammond
Repro: Ludwig, Zell am See
Druck: Firmengruppe APPL, Wemding
Bindung: Conzella, Pfarrkirchen

Printed in Germany

GRÄFE
UND
UNZER

Ein Unternehmen der
GANSKE VERLAGSGRUPPE